"十二五"职业教育国家规划教材
经全国职业教育教材审定委员会审定

Chengshi Guidao Jiaotong Cheliang
城市轨道交通车辆
Dianqi Shebei Jianxiu
电气设备检修

刘 敏 **主 编**
李友胜 蔡景胜 **副主编**
杨 浩[中国中车股份有限公司] **主 审**

人民交通出版社股份有限公司
China Communications Press Co.,Ltd.

内 容 提 要

本书为"十二五"职业教育国家规划教材,经全国职业教育教材审定委员会审定。全书共分6个项目,包括城市轨道交通车辆检修制度、城市轨道交通车辆高压集电系统设备检修、城市轨道交通车辆牵引系统设备检修、城市轨道交通车辆辅助供电系统电气设备检修、城市轨道交通车辆其他电气设备检修、城市轨道交通车辆电气设备故障检修案例。

本书可供高职、中职院校城市轨道交通专业及相关专业教学选用,亦可供行业相关培训使用。

* 本书配有教学课件,读者可于人民交通出版社股份有限公司网站下载。

图书在版编目(CIP)数据

城市轨道交通车辆电气设备检修/刘敏主编.—北京:人民交通出版社股份有限公司,2015.8

"十二五"职业教育国家规划教材

ISBN 978-7-114-12338-2

Ⅰ.①城… Ⅱ.①刘… Ⅲ.①城市铁路—铁路车辆—电气设备—设备检修—高等职业教育—教材 Ⅳ.①U279.3

中国版本图书馆 CIP 数据核字(2015)第 141891 号

"十二五"职业教育国家规划教材

书　　名:	城市轨道交通车辆电气设备检修
著 作 者:	刘　敏
责任编辑:	袁　方　闫吉维
出版发行:	人民交通出版社股份有限公司
地　　址:	(100011)北京市朝阳区安定门外外馆斜街 3 号
网　　址:	http://www.ccpress.com.cn
销售电话:	(010)59757973
总 经 销:	人民交通出版社股份有限公司发行部
经　　销:	各地新华书店
印　　刷:	北京市密东印刷有限公司
开　　本:	787×1092　1/16
印　　张:	11.25
字　　数:	252 千
版　　次:	2015 年 8 月　第 1 版
印　　次:	2021 年 2 月　第 4 次印刷
书　　号:	ISBN 978-7-114-12338-2
定　　价:	36.00 元

(有印刷、装订质量问题的图书由本公司负责调换)

前言

根据教育部相关教学标准要求,本书编写人员在认真学习领会有关文件的基础上,结合当前职业教育发展和城市轨道交通行业发展的实际情况,编写了本书。

本书的主要特色有:

(1)在培训理念、技巧及课程开发等方面,本书编写人员曾接受地铁公司的强化培训,在编写过程中,突破以往教科书的编写模式,内容上注重理论与实操相结合。

(2)为了突出本书的实用性,编写人员在仔细分析企业岗位技能方面的具体要求的前提下进行了任务设置,在本书教学目标的前提下,强调以学生为中心,突出职业教学培训的特点。

(3)本书在某些知识点的介绍上,是以目前全国最先进、最典型的案例来介绍的,配有大量的实物图片,以便学生能更感性地认知。

(4)为方便教学,每个项目结束后,学生可通过学习工作单进行自我考核,从而及时检查学习效果。

(5)本书编写全过程体现了"工学结合、校企合作"的理念,由行业专家、学者全面参与本书的编审。

本书由济南铁路高级技工学校刘敏担任主编,济南铁路高级技工学校李友胜、广州市交通运输职业学校蔡景胜担任副主编,中国中车股份有限公司杨浩担任主审。具体编写分工为:项目一由北京铁路电气化学校高美红编写,项目二由济南铁路高级技工学校刘敏、广州市交通运输职业学校余浩编写,项目三由北京铁路电气化学校何晓丽和高美红老师编写,项目四由济南铁路高级技工学校郑中元和李潇雅编写,项目五由厦门轨道交通集团有限公司机电设备管理部高级工程师魏锦地、济南铁路高级技工学校马振华编写,项目六由广州市交通运输职业学校蔡景胜、济南高级技工学校李友胜编写。

本书在编写过程中,得到了北京地铁、南京地铁、苏州地铁、广州地铁和厦门地铁等公司的大力支持,在此向提供帮助的有关专家表示衷心的感谢。

由于我国城市轨道交通发展迅速,技术设备也在不断改进更新,书中资料和相关数据与现场车辆设备难免存在差异,再加上编者水平所限,书中不妥之处,敬请读者多提宝贵建议。

编 者

2015 年 5 月

目录

项目一　城市轨道交通车辆检修制度 ··· 1
　任务一　城市轨道交通车辆的检修方式 ······································ 1
　任务二　城市轨道交通车辆的检修制度 ······································ 9

项目二　城市轨道交通车辆高压集电系统设备检修 ······················ 14
　任务一　受电弓检修 ·· 14
　任务二　集电靴的检修 ··· 24
　任务三　避雷器的检修 ··· 28

项目三　城市轨道交通车辆牵引系统设备检修 ···························· 32
　任务一　司机控制器检修 ··· 35
　任务二　牵引逆变器设备检修 ··· 40
　任务三　平波电抗器检修 ··· 48
　任务四　制动电阻箱检修 ··· 53
　任务五　牵引电动机检修 ··· 61
　任务六　接地装置检修 ··· 67

项目四　城市轨道交通车辆辅助供电系统电气设备检修 ················ 72
　任务一　辅助逆变器的检修 ·· 78
　任务二　蓄电池的结构认知与检修 ··· 84
　任务三　列车照明系统检修 ·· 99

项目五　城市轨道交通车辆其他电气设备检修 ···························· 106
　任务一　驾驶室驾驶台设备检修 ·· 106
　任务二　中低压设备柜和底架电气箱的检修 ······························ 117
　任务三　客室侧门检修 ··· 127

项目六　城市轨道交通车辆电气设备故障检修案例 ······················ 133
　案例一　受电弓故障处理 ··· 133
　案例二　VVVF故障处理 ·· 135
　案例三　辅助逆变器故障处理 ··· 138

案例四　蓄电池故障处理 …………………………………………………………… 140
案例五　车门系统故障处理 …………………………………………………………… 142
案例六　空调系统故障处理 …………………………………………………………… 145
案例七　接触器的常见故障处理 ……………………………………………………… 145
案例八　继电器常见故障 ……………………………………………………………… 146
案例九　司机控制器警惕按钮故障 …………………………………………………… 147
案例十　列车辅助供电系统(SIV)故障 ……………………………………………… 147
附录1　城市轨道交通车辆检修工实操考试题例 …………………………………… 150
附录2　城市轨道交通车辆检修工5级(初级)操作技能鉴定试题 ……………… 161
参考文献 ……………………………………………………………………………… 174

项目一 城市轨道交通车辆检修制度

城市轨道交通车辆运行、检修工作是城市轨道交通系统的重要组成部分。随着城市轨道交通的发展，许多城市的城市轨道交通逐步形成网络，城市轨道交通网络管理的统一化、总体化的综合管理受到广泛重视。对城市轨道交通车辆建立适应城市轨道交通网络要求的运用和检修管理体制，实现城市轨道交通车辆设备资源、人力资源统一管理、综合利用，以及管理的集约化、规模化、规范化是提高车辆运行、检修工作效率、运行质量、经济效益和社会效益的有效途径，并且已成为城市轨道交通车辆的运用和检修工作的目标。

任务一 城市轨道交通车辆的检修方式

任务要求

1. 能够分析城市轨道交通车辆运用和检修部门工作范围的差异。
2. 对各种车辆检修模式进行比较。
3. 搜集主要城市轨道交通车辆检修基地的资料，描述其功能。

任务准备

1. 场地准备：城市轨道交通车辆检修实训中心（配备多媒体）。
2. 建议课时：4课时。

知识导航

一、城市轨道交通车辆的运用和检修的流程

城市轨道交通车辆的运用和检修工作的流程见图 1-1-1，图中虚线框中的程序属于车辆检修单位(部门)的工作范围，双点画线框中的程序属于车辆运用单位(部门)的工作范围。

运营公司根据客流情况并统筹考虑公司车辆配属数量及车辆检修需要后，制订乘客运输计划，确定列车运行图，确定列车的需用计划，进入车辆检修和运用单位(部门)的工作程序。

1. 车辆检修的主要工作范围

车辆检修单位(部门)根据列车的需用计划制订列车检修计划。制订列车检修计划时应统筹考虑列车的修程和车辆检修设备等检修条件，在保证运输需求和列车运行质量的前提下细致地制订计划。在列车检修计划得到批准后，车辆检修单位(部门)应认真组织实施，按车辆检修规程和检修工艺，在列车修竣并经检验合格后与车辆运用单位(部门)进行列车交接，修竣列车作为完好列车纳入运用列车范围。

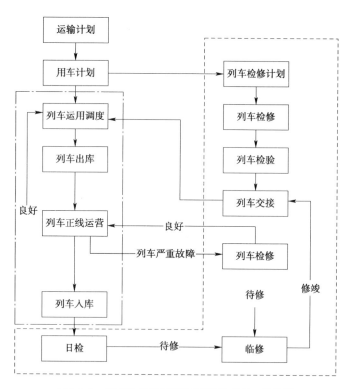

图 1-1-1 城市轨道交通车辆的运用和检修工作流程

在每日列车运营结束回库后,车辆检修单位(部门)对列车进行日常检查维护,经检查技术状态良好,经维护或简单修理恢复到良好技术状态的列车都将交付列车运用调度,作为次日运用列车。当列车需要进一步检修,交车辆临修组进行修理。

运营列车在运营途中发生故障时,若故障在列车司机处理范围之内并经司机处理恢复技术状态的列车,可继续在正线运营;若列车司机不能处理,应尽量避免救援,驾驶列车行驶至折返线或停车线,由车辆检修单位(部门)的列检人员进行处理和维护,经处理和维护恢复良好技术状态的列车可继续投入正线运营,当列车需要进一步检修,交车辆临修组进行修理。

2.车辆运用的主要工作范围

车辆运用单位(部门)根据得到批准的列车检修计划,将需要进行检修的列车交车辆检修单位(部门)进行检修。

掌握运用列车的情况进行列车和列车司机的合理调度,按照确定的列车运行图安排运用列车和列车司机,进行每日的列车运营。

在运营列车发生掉线、退出运营与运用列车发生临修、不能投入次日运营时,安排让备用列车投入运营。

车辆运用单位(部门)还应安排列车司机在车辆检修单位(部门)对列车检修列车进行调试工作,配合进行列车的动态调试工作。

二、城市轨道交通车辆的运用和检修工作的管理模式

城市轨道交通车辆的运用和检修工作的管理模式目前有两种:一是城市轨道交通车辆

的运用和检修工作由车辆部门统一管理;二是车辆的检修由车辆部门进行管理,车辆的运用由客运部门管理。

第一种模式的每个运营线路的车辆管理单位是车辆段,下属有检修车间、运用车间和其他相关的辅助车间和职能部门,承担运营线路配属车辆的检修和运用工作。车辆段根据运营的需要向运营线路提供完好车辆,并对车辆的运用和检修(即图1-1-1中虚线框和双点画线框中程序的所有工作范围)进行统一管理、全面负责。车辆出段进入运营正线后,统一由运营公司的控制中心指挥,按列车运行图运行。

这种管理模式的优点是对车辆进行统一管理,有利于制订司机操作规程、列车故障操作办法等与车辆技术有关的列车运用规章制度,有利于进行列车司机的培训,有利于列车运行情况的反馈和处理,有利于车辆运用与车辆检修后的调试工作,比较容易进行车辆运行、检修的统筹安排,对车辆运用和检修的管理程序进行简化,管理效率较高。

第二种模式是各运营线路成立客运公司,车辆的运行(即图1-1-1中双点画线框中程序的车辆工作范围)和线路设备、设施由客运公司统一管理,这种管理模式可以对所有运营线路设备、设施和车辆统一管理,有利于统一协调,尤其是在发生运营特殊情况时协调和处理的效率高。客运公司的车辆运用部门除保证车辆的正线车辆运行外,还必须做好车辆检修所需要的调车、列车调试等配合工作。车辆段除完成车辆检修任务(即图1-1-1中虚线框中的工作范围),保证向线路运营提供完好车辆外,还必须做好制订各种与车辆技术有关的运行规章制度、对列车司机进行技术培训等配合工作。

无论采取哪种管理模式,车辆的运用和检修工作都必须密切配合,还必须与其他各专业密切配合,才能使城市轨道交通系统作为大联动机顺利地运转。

三、城市轨道交通车辆的检修模式

在城市轨道交通发展的初始阶段,城市只有城市轨道交通一、二条线路时,一般一条线设一个车辆段,另设车辆大修厂或在一个车辆段设置车辆大修能力。车辆段里设各种车辆部件的维修班组,对车辆进行现场修理,车辆检修效率低,成本高。

目前,我国城市轨道交通向着网络化发展,北京、上海、广州、天津等城市都规划了众多城市轨道交通线路互相沟通、纵横交错、彼此连接的城市轨道交通网络体系。过去一条线设一个车辆段的城市轨道交通车辆的检修模式显然已经落后,远远不能适应城市轨道交通网络的要求。车辆检修的基地需要配备大量的线路、设备设施,并要占用大量土地。随着城市的发展,土地资源宝贵,土地价格昂贵,有必要使城市轨道交通网络的车辆、车辆检修设备以及有关的技术、物资、人力等资源实现共享。目前,车辆的设计和生产采用先进技术,使车辆的维修量逐步减少、维修周期逐步延长,并且很多车辆部件朝着免维修的方向发展,这也为车辆检修资源的共享创造了有利条件。我国城市轨道交通车辆的检修模式借鉴国外先进经验,在车辆检修资源共享、综合利用、统一管理方面得到很大发展。其主要方面是:车辆检修方式采用部件互换修,车辆部件专业化集中修理,车辆使用、维护、保养、检修合理分工,最终实现车辆段多线共用等。这不仅可以大大提高车辆检修的效率和质量,降低车辆的检修成本,而且对提高城市轨道交通运营的经济效益和社会效益都具有重要的意义。

1. 采用部件互换修为主的车辆检修方式

在城市轨道交通发展初期,车辆配属量较少,检修量较小,车辆的检修往往采用部件维修的工艺方式(图1-1-2),这种方式除少量待修和报废的零件从备品库领取新品外,其他零部件均待修竣后再安装在车辆上。这种检修方式不需要储备过多的备用零部件,但是由于零部件检修时间较长,有时车辆需要等待零部件修竣后才能组装、编组、调试,因此车辆的检修停运时间长,有时还会导致检修质量得不到可靠保证。

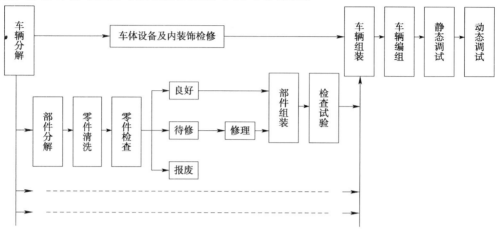

图1-1-2 部件维修方式的车辆检修工艺过程

采用部件互换修的车辆检修方式,是在车辆定期检修时将待修车辆上分解下来的零部件或车辆临修需要从车辆上拆卸下来的零部件,修竣后可安装在同车型的任何车辆上。而在车辆检修的组装时所需的零部件来源于部件中心提供的互换零部件。采用部件互换修车辆检修方式的工艺过程如图1-1-3所示。

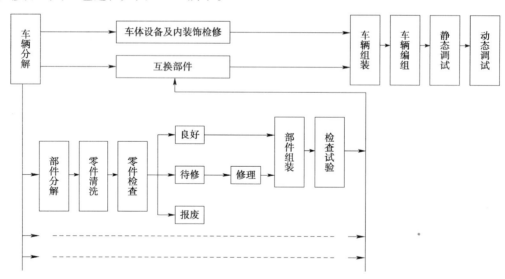

图1-1-3 部件互换修方式的车辆检修工艺过程

采用部件互换修的车辆检修方式需要必要的车辆零部件的储备周转量,由图1-1-3可见,对列车的检修分成了独立的两大部分,即车辆检修和零部件检修。车辆检修实质上就是(列车解编)→车辆分解→车体设备和内装饰检修→车辆组装→列车编组→调试的过程,而不受零部件检修时间的影响。

采用部件互换修为主的车辆检修方式的优点是：

(1) 可以大大缩短车辆的检修停运时间，提高车辆的利用率。

(2) 为合理组织生产创造有利条件，从而有效地提高劳动生产率。

(3) 能提高车辆的检修质量，提升车辆运行的可靠性。

(4) 为车辆零部件检修的专业化、形成检修生产规模化创造有利条件。

(5) 车辆利用率的提高，还会减少城市轨道交通工程的建设成本，降低运营成本。

车辆检修时，全部部件采用互换修，要大量地互换零部件的储备量，目前仍有一定困难，需要根据实际情况确定互换零部件的范围，但对车辆主要零部件，如：车钩缓冲装置、转向架、轮对、轴箱装置、空调以及车辆的电器和电气设备，目前一般都采用了互换修，形成了车辆以部件互换修为主的车辆检修方式。随着车辆设计和生产的改进，车辆采用模块化设计，相同功能的设备、零部件趋于外形、功能相同，同类型车辆可以互换、通用，车辆零部件的互换性得到提高，车辆零部件互换的范围将会大大扩大；并且车辆设计正趋于少维修、免维修，检修周期延长。列车检修有可能不需要进行列车解编，车辆分解，以新的车辆零部件互换检修模式，由列车编组换件修模式代替传统的车辆检修模式（分解→检修→组装→编组）。

2. 车辆零部件的专业化集中修理

车辆零部件的检修不仅需要大量专业化的检修设备、人才，还需要专业的试验设备。在城市轨道交通形成网络，配属车辆大大增加，车型比较集中以及车辆相同功能的设备、零部件趋于外形、功能相同的情况下，车辆零部件的专业化集中修理无疑是降低车辆零部件检修成本、提高检修效率和质量、形成规模效应、提高经济效益的有效途径。在规划中，城市轨道交通网络可以设置车辆部件维修中心，兼为车辆部件的物流中心；也可以在不同车辆段设置不同车辆零部件维修基地，作为部件维修中心的分部，供给本车辆段和其他车辆段的车辆部件互换修使用，原有车辆段的零部件检修能力和资源就可以得到充分的利用。也可以设专门的车辆部件修理厂，在对车辆需要对车体等进行厂修、技术改造时，发展为车辆修理厂，并进行车辆部件的集中专业修理，供城市轨道交通网络车辆检修使用。

3. 城市轨道交通车辆集中架修、大修的模式

目前，由于多种原因在各个运营线路上运营的车辆虽然车型相同（如都采用 A 型车或 B 型车），但由于生产厂家不同，甚至在一条运营线路上运营有多种类型的车辆，因此城市轨道交通车辆集中架修、大修时，要根据实际情况采用不同的检修管理模式。

1) 同类型车辆集中架修、大修

这种车辆检修模式的优点是：使车辆检修所需要的检修技术及人力资源、检修设备和设施、材料和备品备件等资源类别简单统一，有利于统一使用；生产管理简捷高效，可以提高车辆检修的效率和质量，并且可以降低车辆的检修成本。

缺点是车辆回送检修基地可能占用较长时间，空走距离较长。随着城市轨道交通服务水平的提高，运营时间延长，在线路非运营时间对运营线路及设备、设施的维护保养工作越来越紧张的情况下，有可能对线路正常运营和夜间线路及设备、设施的维护保养工作造成较大干扰。

在车辆共线运行或交叉运行、线路间具有联络线、回送距离较短的情况下，可以采用同类型车辆集中架修、大修模式。

2）同线或同区域车辆集中架修、大修

这种车辆检修模式技术性较复杂，检修设备和设施必须与多类型车辆兼容，材料和备品备件种类和储备量相对较多，技术管理、生产管理都比较复杂。但是由于这种模式车辆回送方便，对城市轨道交通网络的线路运营和晚间运营设备、设施维护保养或施工干扰较少，因此同线或同区域车辆集中架修、大修模式普遍得以采用。

车辆检修在运营成本中占有较大比例，车辆是轨道交通乘客的直接运载工具，车辆运行的可靠性是保证城市轨道交通正常运营秩序的最重要因素。因此城市轨道交通网络应确定车辆的基本车型，统一车辆的基本技术要求，为车辆和车辆的检修设备、设施的资源共享，实现车辆检修工作的集约化，降低车辆检修成本，提高车辆运行可靠性创造有利条件。

4. 车辆集中架修、大修对城市轨道交通网络管理的要求

对城市轨道交通网络各线的车辆进行集中架修、大修，就必须为网络的所有车辆统一制订架修、大修计划，同时制订服务于车辆架修、大修的零部件检修和仓储计划，并且编制好全网络各列车的送修和回送计划，在保证车辆及时得到架修、大修的同时，还要把对各线路正常运营的影响降到最低，这就对城市轨道交通网络管理提出了较高的要求。

1）车辆集中架修、大修计划

车辆大修计划的申报和制订，涉及不同的运营线路，有时还会涉及不同的运营公司，要由轨道交通网络进行统筹管理。

2）列车送修、回送计划

列车的送修和回送，可能通过多条轨道交通线路和联络线，势必涉及多条运营线路的运营和夜间线路设施的维修，必须统筹兼顾、周密安排，要由轨道交通网络进行统筹管理。

3）部件维修及仓储计划

承担车辆架修、大修的车辆段还承担部件维修，并具有物流仓储功能；除满足本段的需要外，还服务于其他车辆段和停车场。为此，部件维修计划和仓储计划的制订要求供求信息准确、及时、迅速，才能满足列车维修的需要，并能有序、高效、经济、合理，这也需要通过轨道交通网络统筹管理。

四、城市轨道交通车辆的检修基地

车辆良好的技术状态和正常的运行，是由各级修程保证的。城市轨道交通车辆采用计划预防维修和按故障后临时维修相结合的制度。城市轨道交通运营单位根据修程对城市轨道交通车辆进行的各级检修工作必须在专门的车辆检修基地（以下简称检修基地）进行。列车退出运营后也要进入检修基地，进行洗刷、清扫、定期消毒等工作。因此维修基地是地铁车辆停放、检查、维修、保养和检修的专门场所，它是保证城市轨道交通车辆良好的技术状态和城市轨道交通正常运营的重要基础。对维修基地要根据城市轨道交通网络，进行统筹考虑、合理配置和分工，根据需要确定它的规模，对车辆实施不同的修程。车辆维修基地根据功能和规模的大小，可划分为停车场、车辆段。

检修基地以车辆运用、检修为主，但考虑到地铁系统管理需要，方便组织城市轨道交通地铁各专业的维修工作，可以将工务、通信、信号、机电设备等专业的维修与车辆检修基

地一并考虑,这样有利于协调各专业接口,对各专业维修工作进行有效的协调管理,可以合理规划、统一使用场地和设备,节约土地和投资。同时也有利于实现计算机网络和现代化管理。

城市轨道交通车辆维修基地的分类及功能如下。

1. 停车场

停车场是车辆停放的场所,承担的任务有:车辆的停放、洗刷、清扫以及车辆列检和乘务工作,停车场所在正线运营列车的故障处理和救援工作,车辆定修(年检)以下车辆的各级日常检查维修。每条地铁线路按其线路长度和配属车辆的多少,设置停车场或根据需要再增加、设置辅助存车线。存车线仅用于停车,只承担车辆的停放、清洁工作。

停车场配备车辆运用、整备和日常检查维修及配套设施,主要有停车列检库、调机库、临修库以及出入段线、洗车线、试车线、各种车库线,以及牵出线、存车线、走行线等各种辅助线路;主要设备有:调车机车(内燃调机或蓄电池车)、不落轮镟床、自动洗车机和车辆救援设备以及为车辆架修、大修服务的架车机、起重机等。

2. 车辆段

车辆段除具有停车场的功能,还是对城市轨道交通车辆进行较大修程的场所。车辆段主要拥有以下功能:

(1)承担所属线路的车辆停放、清洁、列检工作。

(2)承担所在线路车辆的定修(年检)及以下车辆检查维修和临修工作。

(3)承担所属线路和由多条互通线路所配属车辆的架修、大修工作。

(4)承担车辆部件的检测、修理工作,满足车辆各修程对互换部件的需求。其维修能力的设置也使其成为地铁网络的车辆部件维修点,为其他车辆段服务。

车辆段要在停车场的基础上增加车辆架修、大修的设施设备,车辆的主要检修方式采用部件互换修。同时,根据工艺要求,要具备车辆零部件的检修能力。

车辆段配备的车辆检修设施主要有架修、大修库、静调库和部件检修间,以及油漆间、机加工间、熔焊间和必要的辅助间等。车辆架修、大修的主要设备有:架车机、移车台或车体吊装设备、公铁两用牵引车、转向架、车钩、电机等各种部件的试验和修理设备、车辆油漆设备、列车静态调试和动态调试设备。

车辆段内无物资总库时还要设置材料库,并配备必要的运输和起重设备。

车辆段主要划分为检修区和运营区,所有的检修工作均集中在检修区进行,运营区主要负责段属车辆的停放、列检和乘务工作。

3. 车辆修理厂

(1)对车辆集中进行全面大修、翻新和技术改造工作。

(2)承担车辆重要部件的维修,以满足停车场、车辆段互换修的需求。

(3)具备停车场、车辆段进行部件检查、维修的能力。

(4)作为部件物流中心。

任务实施

在实训室模拟训练城市轨道交通车辆检修工作管理模式。

任务考核

学 习 工 作 单

实训项目　城市轨道交通车辆的检修方式

班级：　　　　姓名：　　　　学号：　　　　时间：

一、知识总结

1. 城市轨道交通车辆检修单位(部门)主要负责哪些工作?

2. 城市轨道交通车辆的运用和检修工作有哪几种管理模式?它们各有什么优缺点?

3. 目前,城市轨道交通车辆检修模式有哪几种?

二、操作运用

模拟训练城市轨道交通车辆检修工作管理模式。

三、实训小结

_____
_____
_____

四、成绩评定

评价等级	表达能力	沟通能力	团队合作能力	实际操作能力	知识掌握能力
评价结果					

注：按照学生自评占10%、组内互评占10%、他组互评占20%、教师评价60%比例计分,其中：A-100分、B-85分、C-75分、D-60分、E-50分进行折算。

五、指导老师评语

指导老师签字：　　　　　　日期：　　年　　月　　日

任务二　城市轨道交通车辆的检修制度

任务要求
1. 能够叙述城市轨道交通车辆检修制度。
2. 能够分析城市轨道交通车辆检修工艺、生产过程与检修修程。

任务准备
1. 场地准备：城市轨道交通车辆检修实训中心(配备多媒体)。
2. 建议课时：4课时。

知识导航

一、城市轨道交通车辆的检修制度综述

城市轨道交通车辆采用定期维修方式，按预防维修的原则，从车辆的技术水平出发，综合考虑车辆各部件的维修周期、寿命周期，确定车辆修程，并针对车辆的各级修程制订车辆的检修规程及车辆部件的检修工艺文件。当车辆运行到一定里程或一定周期时，就要按车辆检修规程和车辆部件检修工艺的要求，对车辆及其部件进行检查、维护或修理。这就是通常所讲的城市轨道交通车辆检修制度。

1. 城市轨道交通车辆的修程

城市轨道交通车辆检修制度是车辆安全、可靠运行的基本而重要的保证，也是确定城市轨道交通车辆的检修体制以保证车辆检修工作顺利进行的基础。城市轨道交通车辆检修制度对车辆修程的类型和等级、实施修程的车辆运行里程或周期、完成修程的车辆停运时间作出具体规定。

城市轨道交通车辆采用定期预防性维修，修程及其检修周期的依据是车辆及其设备、零部件产生磨损和发生故障的规律。产生磨损和发生故障的规律又和车辆的技术水平、运行条件、检修技术密切相关。

车辆设计和生产的模块化、集成化程度逐步提高，车辆的设备、部件和零件具有良好的互换性，这就使车辆在运行可靠性得到提高的同时，大大减少了车辆的检修量，并为采用部件互换性方式提供了有利条件，可以大大缩短车辆检修的停运时间。与此同时，车辆部件朝着少维修、免维修方向发展，也延长了它们的维修周期。

车辆采用微机控制和故障诊断技术以及对车辆一些部件进行在线自动测试技术的应用，又使得车辆一些部件的定期检修逐步朝着状态检修的目标发展。

各运营单位都对车辆零件的磨损、车辆设备和部件的故障进行记录、统计、分析，在总结车辆运行、检修实践经验的基础上，对车辆的修程及其检修周期、检修停运时间不断进行优化，并逐步向状态检修方式过渡。

香港地铁车辆修程的变化见表1-2-1。

香港地铁车辆修程　　　　　　　　　表 1-2-1

维修级别	原修程	现修程	工作分工
1	日检 周检 月检 半年检	15d 45d 半年检 1年检 2年检	停车场
2	1年检 2年检 3年检 小修(6年) 大修(12年)	3年检 小修(6年) 大修(12年)	大修厂
3	部件修	部件修	大修厂或社会专业工厂

上海地铁车辆的修程的变化见表1-2-2。

上海地铁车辆修程　　　　　　　　　表 1-2-2

维修级别	原修程	调整修程	现修程	工作分工
1	日检 双周检 双月检 定修(1年检)	日检 月检(A) 月检(B) 定修(1年检)	日检 月检1~月检12	停车场
2	架修(5年) 大修(10年)	架修(5年) 大修(10年)	架修(5年) 大修(10年)	车辆段
3	部件修	部件修		车辆段或 社会专业工厂

2. 城市轨道交通车辆的检修规程

在城市轨道交通车辆的修程确定以后，就要根据车辆主要零部件的检修等级、检修范围和检修周期，同时考虑一般零部件的检修，制定相应的检修规程。

检修规程中规定了零部件的检修范围，并确定了相应的技术要求。技术要求包括磨耗件的使用限度、零件间的几何间隙允差、电气设备的整定值、重要紧固件的紧固扭矩等。为使经过检修达到技术要求，检修规程还对检修所必须使用的工器具和检修的方法作出具体规定。

3. 城市轨道交通车辆的检修工艺

检修工艺是保证车辆及其零部件的检修质量，提高检修效率的根本途径，对车辆及其部件的检修都必须制定检修工艺。检修工艺要根据检修的技术要求、检修和检测设备情况，并考虑合理的生产工艺过程，尽量使生产过程在工序上保持连续性，在时间上紧密衔接；在设备、人力等资源的使用上保持均衡性，使工作量和工作节奏保持均匀。

检修工艺的内容应包括：

(1)从检修准备、分解、检查、修理与组装,直到检查、试验的工作程序。
(2)每道工序的具体工作方法,操作者必须遵循的操作标准。
(3)工序使用的工具、量具、设备及其规格、型号、精度要求。
(4)工序使用的材料及其规格、型号。
(5)每道工序的质量标准及其检验方法。
必要时还要对安全事项和运输等检修辅助工作给出具体的规定。

4. 城市轨道交通车辆的检修系统

城市轨道交通车辆的检修过程是一项系统工程,在这个系统中车辆检修的生产过程中的主要组成及其性质和作用如下。

(1)生产计划调度过程:以满足城市轨道交通运营的需求为目标,根据车辆修程的规定、车辆的技术状况、车辆检修的资源情况,制订车辆检修计划。并根据车辆检修计划确定人力、设备、备件、材料等计划,在检修过程中还要根据检修的具体情况对以上生产要素进行调整、调度,以保证车辆检修计划的完成。

(2)生产技术准备过程:在车辆检修前进行生产技术准备工作,主要有检修规程、检修工艺、检修工艺装备、材料消耗定额、工时消耗定额的设计和制定;还包括列车操作标准、列车故障处理办法等与车辆技术相关的一些规章制度的制定。

(3)基本生产过程:直接进行车辆检修活动,是车辆检修的生产过程中,检修系统最主要的组成部分,其他组成部分都是围绕它进行活动、为它服务的。

(4)辅助生产过程:为保证车辆检修的基本生产活动正常开展所进行的各种辅助性生产活动,如:车辆零部件的检修,车辆及其零部件的清洗,车辆检修设备、设施的维护与保养等。

(5)生产服务过程:为车辆检修基本生产和辅助生产活动提供保障的各种生产服务活动,如材料、工具、备件的保管、运输、供应,理化检验等。

按照车辆的检修模式和车辆检修系统的生产过程中的主要组成相适应,设立技术部门、生产部门、辅助生产部门、生产服务部门和必要的管理部门,就形成了车辆检修的组织架构。车辆检修系统中的这些生产过程及相应的部门既有分工区别,又有密切联系,需要由明确的工作责任制及有效的工作程序和规章制度建立起有效的车辆检修的生产组织和质量、进度、成本、安全控制体系,来保证按计划质量,良好地完成车辆检修工作,以满足运营的需要。

二、城市轨道交通车辆检修修程

目前,我国地铁车辆的维修制度基本上沿用了传统的轨道交通车辆的检修经验,虽然随着车辆及车辆检修采用新技术,车辆检修周期不断延长,但采用的基本车辆检修制度仍然是按运行里程和时间进行预防性"计划维修"和列车发生故障的事后"故障维修"。

一般来讲,车辆修程包括日检、周检、月修、架修、大修,修程中的检修周期和走行里程按先达到标准的进行。

(1)日检/周检:每日对列车车辆进行状态检查,并进行必要的维护、保养。
(2)月修:主要是对耐用周期短的部件进行修理和对主要部件进行检查保养。
(3)定修:对主要零部件技术状态进行检查,对技术状态不良的零部件要进行更换或检修,消除所发现的故障;还要对电气部分的技术整定值进行检测和调整。

（4）架修:主要对牵引电动机、电器、转向架、制动系统、门系统等进行分解、检查、测试、修理或换新,恢复其性能。对转向架、车体等金属构件进行损伤检查与整形。

（5）大修:对车辆进行全面分解、全面修复,以达到新造车技术水平,恢复其全面性能。定修、架修、大修3个修程,在检修完成后都要对车辆进行静态调试,最终还要到试车线试车,进行动态调试。

上述修程中,一般高级修程都包含低级修程的检修内容。

以上地铁车辆维修制度基本沿用了传统的轨道交通车辆的检修经验,采用按运行里程和周期进行预防性"计划维修"和列车发生故障后的"故障维修";定修、架修、大修都是对车辆进行全面维修,都需要集中在列车停止运营的时间进行。一些有经验的地铁公司正在尝试将定修（年检）及其以下的修程进行整合,将月检与定修（年检）合并,再将这些检修工作分成12个部分,形成均衡修1至均衡修12共12个新的修制;每月完成一个均衡修修制,一年后刚好完成列车定修工作,同时每月一次的均衡修都比原月检项目更全面。

任务实施

在实训室模拟训练城市轨道交通车辆检修工艺、生产过程及检修修程。

有条件的学校通过现场实习,使学生掌握城市轨道交通车辆检修工艺、生产过程及检修修程。

任务考核

学 习 工 作 单

实训项目　城市轨道交通车辆的检修制度

班级:　　　姓名:　　　学号:　　　时间:

一、知识总结

1.城市轨道交通车辆检修工艺内容有哪些?

2.城市轨道交通车辆检修修程分为哪些检修?说明日检、月检、定修的含义。

二、操作运用

模拟训练城市轨道交通车辆检修工艺、生产过程及检修修程。

三、实训小结

_____

_____

_____

四、成绩评定

评价等级	表达能力	沟通能力	团队合作能力	实际操作能力	知识掌握能力
评价结果					

注：按照学生自评占10%、组内互评占10%、他组互评占20%、教师评价60%比例计分，其中：A-100分、B-85分、C-75分、D-60分、E-50分进行折算。

五、指导老师评语

指导老师签字： 日期： 年 月 日

项目二　城市轨道交通车辆高压集电系统设备检修

城市轨道交通车辆高压集电系统包括受流设备和回流设备，其主要功能是从接触网取流，为列车提供电能。城市轨道交通多采用直流牵引供电，受流设备是城市轨道交通列车将地面牵引供电电源引入列车的重要设备，是列车的正极。根据线路供电方式的不同，列车受流设备分为受电弓和集电靴两种形式。而回流设备则是列车的负极，将流经列车主电路的电流通过钢轨返回至地面牵引供电电源的负极。依据电客车司机和车辆检修员职业资格标准，本项目检修根据电客车检修过程设计学习性的任务，以学生动手训练和自主学习为主，分为3个学习任务，即受电弓的检修、集电靴的检修和避雷器的检修。

任务一　受电弓检修

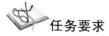

任务要求

1. 掌握受电弓结构、作用和工作过程。
2. 能够对受电弓进行日常检查维护。
3. 熟悉根据检修操作规程要求的受电弓的日检、周检、月检和年检的操作程序。

任务准备

1. 场地准备：城市轨道交通车辆检修实训中心（配备多媒体）。
2. 工具准备：压力计、扭力扳手、兆欧表（1500V）、弹簧秤、绝缘兆欧表、测力表、梅花扳手、棘轮、螺钉旋具与锤子等。
3. 物品准备：压缩空气、干净抹布、100%工业酒精、纯棉布、弱碱性溶液、红色线号笔、橡胶密封条、黏结剂、油脂与硅胶等。
4. 建议课时：6课时。

知识导航

一、受电弓概述

受电弓安装在车顶上，通常全列车共设置两个受电弓，正常运行时升双弓运行。两个受电弓分别给本单元的牵引系统供电，并通过辅助高压母线同时向整车辅助逆变器供电。受电弓在车顶安装位置如图2-1-1所示。

二、受电弓的结构组成

受电弓采用气动电控,以 QG-120(B)型受电弓为例介绍受电弓的结构组成,如图 2-1-2 所示。

(1)底架:受电弓底架在设计时考虑到强度,采用无缝矩形管材料,在机械加工完成后焊接而成,具有强度高、重量轻的特点。

(2)下臂杆:受电弓下臂杆采用了无缝钢管,在机械加工后焊接而成,同时在下臂杆上采用转动轴承技术,使受电弓的转动更加灵活。

图 2-1-1　车顶受电弓安装位置图

(3)上臂杆:考虑到受流性能和重量,受电弓的上臂杆没有采用碳钢材料,而是采用了高强度的铝合金材料,使上臂杆的受流性能明显增强,且重量减轻,同时不会影响上臂杆的强度。

(4)液压阻尼器:通过安装在下臂杆和上臂杆上的液压阻尼器来实现受电弓的缓冲,使弓头的碳滑板有很好的随网性。

(5)拉杆:拉杆是由无缝不锈钢管和重型自润滑的关节轴承组合而成。当拉杆绕底架的回转中心转动时,受电弓弓头的位置改变。

(6)平衡杆:平衡杆是使受电弓弓头在整个工作高度范围内保持水平,在车辆运动过程中,通过缓冲调整装置消除外力对弓头在运动过程中的干扰。

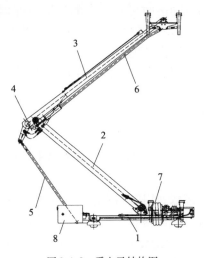

图 2-1-2　受电弓结构图
1-底架;2-下臂杆;3-上臂杆;4-液压阻尼器;5-拉杆;6-平衡杆;7-气囊;8-受电弓控制箱

(7)气囊:气囊组装中,冲入压缩空气为受电弓提供升弓的动力,它被安装在底架和下臂杆之间。气囊组装的气源用绝缘气管经受电弓的控制箱和安装在车内的电磁阀连接到总风缸。

(8)受电弓控制箱:受电弓控制箱主要由控制箱体、过滤器、调压阀、节流阀和快速排气阀等组成。安装在控制箱中的调压阀可以调节受电弓静态接触压力。

(9)软连线:为了避免电流通过受电弓关节处的轴承发热而造成轴承损坏,在受电弓每个转动部位都短接了导电性能良好的软连线,可对各关节转动部位的轴承起到保护作用。

(10)弓头碳滑条:每次目测检查弓头碳滑条时(图 2-1-3),应观察碳滑条是否损坏或者磨耗到限。通常当碳滑条磨损到 5mm,需及时更换碳滑条,还应注意弓头各个碳滑条之间是否存在磨耗不均匀现象,如果存在应对碳滑条做平行调整,使各个碳滑条与网

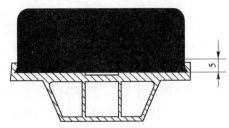

图 2-1-3　碳滑条外形图(尺寸单位:mm)

线接触的平面基本水平,保证每根碳滑条都能与网线很好地接触。如果弓头碳滑条更换,应同时将弓头所有的碳滑条全部予以更换。

三、受电弓的控制及工作原理

1. 受电弓的控制

操作受电弓的上升或者下落,可以由司机通过受电弓控制开关进行操作。驾驶台上受电弓控制开关如图 2-1-4 所示。

图 2-1-4 受电弓控制开关

当受电弓升弓到位或降弓到位时,每个受电弓的状态显示在驾驶室的司机显示屏上,并在驾驶室上设置指示灯,以显示整个列车受电弓的工作状态。

降弓设置延时控制,在降弓前可将本单元牵引逆变器负载切除,当 2 个受电弓同时降落时可将整车的辅助逆变器负载切除,从而确保受电弓不带载降弓。客室内装有脚踏泵,当无法正常升弓时,司机可以操作它实现人工紧急升弓。当司机通过紧急制动蘑菇按钮触发紧急制动时,所有受电弓降下。

2. 受电弓的工作原理

1) 电气系统

受电弓的电气系统包括高压电流电路和低压控制电路两大部分。

受电弓是车辆的受流部件。受电弓升起后与接触网接触,从接触网上集取电流,并将电流传送到车辆电气系统。接触网的电流首先由滑板流入受电弓弓头,然后依次经过软连线、上框架、软连线、下臂杆、软连线后流入底架,最后经连接在受电弓底架上的车顶母线导入车辆电气系统,这是受电弓的高压电流电路,正常工作时将有几百安的电流通过。

受电弓的控制电路的主令电器是驾驶室的升弓和降弓按钮,控制电路电源经过升/降弓按钮及一系列控制环节,最终使受电弓电磁阀线圈得电或失电,从而控制受电弓气路的充气或排气,实现对受电弓的控制。

司机按下升弓按钮,如果所有控制条件均满足,受电弓电磁阀电磁线圈控制电路导通,将会使电磁阀线圈得电,从而使电磁阀阀口打开,使压缩空气进入受电弓气路部分。降弓时,按下降弓按钮,将使受电弓电磁阀失电,从而关闭向受电弓气路供气的通路,同时打开受电弓气囊的排气通路,使得受电弓降弓。

2) 气路系统

受电弓通过空气回路实现升、降弓动作,受电弓气路如图 2-1-5 所示。升弓时,电磁阀得电打开,空气经 1、2、3、4、6、11 到达气囊,精密减压阀实时检测升弓气囊内的压力是否在额定压力,当压力大于额定压力时,精密减压阀将向大气排出多余的气压;可调节流阀 2 可调节升弓时间。降弓时,精密减压阀的排气口打开,释放气囊内的压缩空气,直至气囊内的压缩空气全部排出。可调节流阀 7 可调节降弓时间。压力开关 12 检测气囊中的气压,可输出升降弓到位的信号。

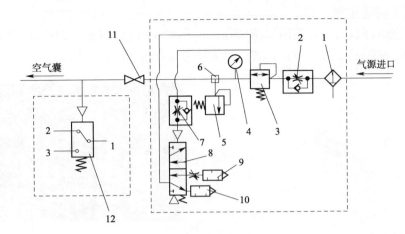

图 2-1-5 受电弓气路

1-空气过滤器;2-可调节流阀;3-精密减压阀;4-压力表;5-安全阀;6-三通座;7-可调节流阀;8-换向阀;9-消音节流阀;10-消音器;11-球阀;12-压力开关

四、受电弓的调试

受电弓的调试,主要包括弓头的静态接触力、升弓时间与降弓时间三项工作。为保证牵引电流的顺利流通,受电弓和接触网导线之间必须保持一定的接触压力。弓网实际接触压力由四部分组成:

(1)受电弓升弓系统施加于滑板,使之向上的垂直力为静态接触压力(一般为70N或90N)。

(2)由于接触悬架本身存在弹性差异,接触线在受电弓抬升作用下会产生不同程度的上升,从而使受电弓在运行中产生上下振动,使受电弓产生一个上下交变的动态接触压力。

(3)受电弓在运行中受空气流作用产生的一个随速度增加而迅速增加的气动力。

(4)受电弓各关节在升降弓过程中产生的阻尼力。

1. 静态接触压力及最低位置支持力的调整方法

随着列车长时间的运行,特别是强烈季节性的气温变化之后,静态接触压力及最低位置的支持力会随之改变,在每次更换碳滑板之后都需要进行静态接触压力的校正,其测量方法如下。

1)静态接触压力的测量方法

数值1:测量接触压力从最高工作位置缓缓降弓到最低位置时,在最高位置处的压力。
数值2:测量接触压力从最低位置缓缓升弓到最高工作位置时,在最低位置处的压力。
两个数值的平均值就是静态接触压力。此力要求在120N(±10N),若不符合此要求,就需要进行调整。

2)B2型车调整方法

将弹簧锁紧螺母1松掉,然后调整2,直到静态接触力和最低位置支持力都符合要求为止。调整过程中需要将弹簧抱住,防止扭曲。如图2-1-6所示。

3) B4 型车调整方法

打开车顶的气阀箱,松开箱内精密调压阀的锁紧螺母后,用手微调手动旋钮,逆时针旋转手动旋钮减小接触压力,顺时针旋转手动旋钮增加接触压力。如图 2-1-7 所示。

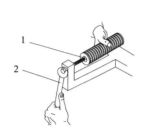

图 2-1-6 受电弓静态接触压力调整
1-螺母;2-调整旋钮

图 2-1-7 B4 型车受电弓静态接触压力调整

2. 受电弓升降弓时间调整

用秒表检查受电弓升到最高位所需的时间,如果升弓/降弓时间符合默认值(7~8s),则不需要进一步调整;如果测量值不符合要求,则需进行调整。

1) B2 型车调整方法

(1) 调节升弓时间

如图 2-18 所示,松开锁紧螺母 2。通过调节螺钉 1 来调整升弓时间。顺时针方向可减小空气进入汽缸的速度,从而减小升弓速度;逆时针方向可增加空气进入汽缸的速度,从而增加升弓速度。调节完毕,固定好锁紧螺母 2。

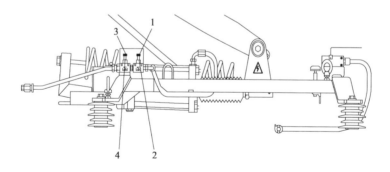

图 2-1-8 B2 型车受电弓升降弓时间调整
1、3-调节螺钉;2、4-松紧螺母

(2) 调节降弓时间

松开锁紧螺母 4。通过调节螺钉 3 进行调整降弓时间。顺时针方向可减小空气的流量,从而减小降弓速度;逆时针方向可增加空气的流量,从而增大降弓速度。调节完毕,恢复好锁紧螺母 4。

2) B4 型车调整方法

打开车顶的气阀箱,松开箱内升弓节流阀或降弓节流阀的锁紧螺母后,用一字螺丝刀微量旋转升/降弓节流阀进行调整,顺时针旋转为减小升/降弓时间,逆时针旋转为增加升/降弓时间。升弓时间调整如图 2-1-9 所示,降弓时间调整如图 2-1-10 所示。

图 2-1-9　B4 型车受电弓升弓时间调整

图 2-1-10　B4 型车受电弓降弓时间调整

任务实施

一、受电弓日常检修

受电弓的日常检修项目和技术要求如表 2-1-1 所示。

受电弓日常维修程序　　　　　　　　　　表 2-1-1

序号	检修项目	技术要求
1	检查构架、底架、缓冲器、下臂、导向杆和上臂	(1)防松标记齐全,无错位松动; (2)目视各部件无损坏、无变形
2	检查弓头簧片	(1)防松标记齐全,无错位松动; (2)目视各部件无损坏、无变形
3	检查滑板状态	(1)滑板无纵向裂纹、缺块应不超过接触滑板宽度的 1/3; (2)对滑板 50mm 范围内高度差大于 5mm 的凹槽用锉刀锉平,使其小于 3mm,凹槽深度大于 5mm 时更换滑板; (3)滑板与端角应过渡流畅,且间隙应不大于 2mm; (4)滑板厚度(即受电弓接触滑板接触面距接触滑板固定器上部的距离)最低处均应不低于 5mm; (5)需更换受电弓接触滑板时,应同时更换 2 条滑板; (6)各固定螺钉紧固状态良好
4	检查羊角有无异常磨损	无明显划痕
5	检查绝缘子	表面无破损、无裂纹

二、受电弓的定期检修

由于受电弓安装在车顶,工作环境比较恶劣,在定期检修规程中,受电弓是重点检修部件之一。受电弓定检主要包括定修(年修)、大修及架修。

受电弓定期检修的项目和技术要求如表 2-1-2 所示。

受电弓定期检修程序

表 2-1-2

序号	维修项目	维修内容	方法	工装工具材料	技术要求	备注
1	受电弓拆卸和清洗	将受电弓从车顶上拆卸下并清洗	拆卸操作 清洗操作	扭力扳手,吊车中性清洗剂,清水,软布	清洁,无积垢,无残脂	—
2	底架	(1)检查安全锁	检查操作	扳手	正确锁定或打开,功能正常	修复或更换
		(2)更换止挡	更换操作	扳手	安装正确,紧固良好	—
3	下支架	(1)检查平行导向杆	检查操作 调节操作	扳手	无变形,无扭曲,调节螺杆灵活	拆下整形
		(2)检查液压振动阻尼器	检查操作	—	无漏油	漏油则更换液压振动阻尼器
		(3)更换分流导线	更换操作	扭力扳手	安装正确,紧固良好	—
		(4)更换橡胶防尘套	更换操作	斜口钳,扎带枪	无凹陷,无老化和损坏现象	—
4	上支架	(1)更换分流导线	更换操作	扭力扳手	安装正确,接触良好	—
		(2)更换堵头	更换操作	螺丝刀	安装牢固	—
5	升举机构	检查和润滑钢丝绳	目测检查 润滑操作	Top 2000润滑脂,或壳牌润滑脂	无断丝,润滑良好	有断丝,则更换
6	弓头	(1)检查碳滑板	测量检查	游标卡尺	碳滑板厚度应大于8mm	如小于8mm则更换
		(2)检查碳滑板固定夹	目测检查	—	无变形	拆下整形
		(3)检查弓头羊角	检查操作	—	无变形,无磨损	—
		(4)检查弓头叶片弹簧	检查操作	—	应回弹容易,无断裂	如断裂,则更换
		(5)更换分流导线	更换操作	扭力扳手	安装正确,紧固良好	—
7	电动落弓装置	(1)更换缓冲套	更换操作	扳手	安装正确,紧固良好	—
		(2)更换橡胶防尘套	更换操作	斜口钳,扎带枪	无凹陷,无老化和损坏现象	—
8	轴承	润滑轴承	润滑操作	壳牌通用润滑脂	轴承活动灵活,无卡滞,润滑良好	—

续上表

序号	维修项目	维修内容	方法	工装工具材料	技术要求	备注
9	绝缘子	清洁和检查绝缘子	清洁操作 检查操作	软毛刷,无纺布	(1)表面光洁,无油污,无裂纹和碳化烧灼现象,螺纹完好;(2)测绝缘电阻,底架上大于500MΩ;其他处大于200MΩ	有裂纹和碳化烧灼现象,则更换
10	紧固件	检查连接紧固件	检查操作	扭力扳手	(1)用扭力扳手按规定力矩将紧固件拧紧,涂防松标记;(2)更换拆卸下的一次性紧固件	—
11	手动升弓装置	润滑零部件	润滑操作	—	润滑良好	
12	油漆	对受电弓油漆	油漆操作	—		
13	调节和测试	(1)调节耦合杆	调节操作 测量检查	扳手,水平仪	降弓时上支架和下支架停在正确的位置	—
		(2)调节碳滑块平行	调节操作 测量操作	带水平仪的直尺,扳手	保证整个碳滑块接触表面水平	—
		(3)调节弓头的转动能力	调节操作 测试操作	扳手,扎带枪	弓头在工作高度范围内的水平位置任一方向上转动灵活	—
		(4)调节受电弓接触压力	调节操作 测量操作	弹簧秤,扳手,受电弓试验台	平均接触压力约为120N(±10N),受电弓在整个工作高度范围内的接触压力曲线几乎保持恒定	—
		(5)调节升弓、降弓时间	调节操作 测试操作	受电弓试验台	升弓时间:≤10s 降弓时间:≤10s	提供试验报告
		(6)测试升降弓行程	测试操作	受电弓试验台	受电弓升弓时需有明显的两个行程,先快后慢	提供试验报告

三、检修案例

1. 受电弓日检程序及技术要求

(1) 目测检查构架、底架、缓冲器、下臂、导向杆和上臂,要求无异常损伤,防松标记无错位。
(2) 目测检查羊角状态,要求无异常损伤。
(3) 目测检查滑板状态,要求滑板无纵向裂纹,缺块应不超过接触滑板宽度的1/3,对滑板50mm范围内深度不大于3mm,凹槽深度不大于5mm;滑板与端角应过渡流畅,且间隙应不大于2mm;滑板厚度最低处均应不低于5mm;各固定螺栓防松标记无错位。
(4) 目测检查绝缘子状态,要求无异常损伤。
(5) 目测检查气囊,要求无变形。
(6) 填写日检作业记录表。

2. 受电弓日检作业记录表

仿照检修岗位职业要求,受电弓日检任务完成后需要填写日检作业记录见表2-1-3,记录作业情况和发现问题及处理措施。

日检作业记录表　　　　　　　　　　　表2-1-3

列车号		里程数	
检查内容	作业位置	作业情况	作业人签名
受电弓	MP1 受电弓		
	MP2 受电弓		
发现故障(问题)及处理情况			

作业班组:　　　　　作业时间:　　　　　工长:

四、受电弓检修安全提示

(1) 当发生弓网故障,造成受电弓碳滑条、弓头、上框架等零部件变形或损坏,应将受电弓从车顶拆下,进行全面检修或更换零部件,检修完成后在专用试验台上对受电弓进行例行试验(包括动作试验、弓头自由度测量、气密性试验、静态压力特性试验),试验合格后方可装车交付使用。

(2) 受电弓检修作业后需要做如下工作。
① 确认列车处于停放制动施加状态。
② 填写《城市轨道交通车辆检修作业记录表》。
③ 确认所携带的检修工具齐全,未遗留在车上。
④ 通知车调室组织对电客车进行清洁。

(3) 受电弓的调整和维护工作必须由专业操作者进行。在调整和维护工作进行时,必须依据以下规定采取必要的安全和防护措施。

在进行维护或修理之前,要查看标识将压缩空气的开关关闭;切断架空网线的电流,确认没有电流通过;遵守公司内部制定的安全操作规程;将受电弓降到落弓位置;在吊装和运输期间,受电弓下禁止有人站立。

QG-120(B-SUZL1)型受电弓维护时,必须切断气源,同时应将气囊进气口位置的球阀关闭,使受电弓不能升起,然后用长约 0.9m 的木棒在底架和上臂杆交叉管间支撑起受电弓的弓头,确认稳定后才可进行维修或维护工作。

在每次维护和维修完成之后,检查确认没有工具和未安装的零部件放在车辆顶部。

受电弓升弓时,应保证压缩空气的压力在规定的最小气压至额定工作气压之间。

任务考核

学 习 工 作 单

实训项目　城市轨道交通车辆受电弓检修

　　班级:　　　　姓名:　　　　学号:　　　　时间:

一、知识总结

1. 简要说出城市轨道交通车辆受电弓的结构组成及工作原理。

2. 简要说出城市轨道交通车辆受电弓的主要技术参数。

二、操作运用

1. 根据给出的受电弓检查作业指导,进行受电弓技术状况检查并填写技术要求和检查结果。

2. 操作演示怎样进行城市轨道交通车辆受电弓的静态接触压力和升降弓时间调整(在轨道交通实验室城市轨道交通车辆受电弓仿真模型或者实物实操区域中操作演示)。

三、实训小结

_____
_____
_____

四、成绩评定

评价等级	表达能力	沟通能力	团队合作能力	实际操作能力	知识掌握能力
评价结果					

注:按照学生自评占 10%、组内互评占 10%、他组互评占 20%、教师评价 60% 比例计分,其中:A-100 分、B-85 分、C-75 分、D-60 分、E-50 分进行折算。

五、指导老师评语

指导老师签字:　　　　　　　　日期:　　年　　月　　日

任务二　集电靴的检修

任务要求

1. 掌握集电靴结构、作用和工作过程。
2. 能够对集电靴进行日常检查维护。
3. 熟悉集电靴的定检操作程序。

任务准备

1. 场地准备：城市轨道交通车辆检修实训中心（配备多媒体）。
2. 工具准备：压力计、扭力扳手、兆欧表（1500V）、弹簧秤、绝缘兆欧表、测力表、梅花扳手、棘轮、螺钉旋具、锤子、受流器回退手柄。
3. 物品准备：压缩空气、干净抹布、弱碱性溶液。
4. 建议课时：6课时。

知识导航

一、集电靴概述

1. 概述

集电靴又名三轨受流器，是指安装在列车转向架上，为列车从刚性供电轨（第三轨）进行动态取流（采集电流），满足列车电力需求的受流设备。

以北京昌平线为例，每列车配备16个动车受流器，4个拖车受流器。受流器可以伸缩和锁定位置，每个受流器都装有两个500A的熔断器，所有的受流器都有相同的特征及作用，但受流器之间不能互换使用。

受流器在转向架上的安装位置如图2-2-1所示。

图2-2-1　受流器安装位置

2. 受流器参数

(1)碳滑靴在轨道上的作用力:120N±24N。
(2)碳滑靴的自由延伸位置:66.5mm±2mm,高于正常位置。
(3)碳滑靴的锁定位置:45.5mm±2mm,低于正常位置。
(4)熔断器(每个):750V,500A。
(5)质量:36.5kg。

二、受流器结构

受流器安装在转向架上,受流器的结构组成如图2-2-2所示。

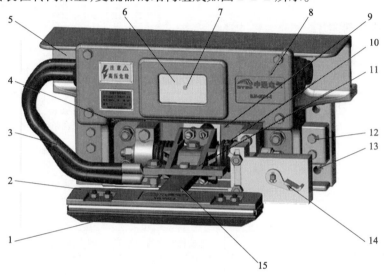

图 2-2-2　受流器结构组成

1-碳滑靴;2-摆杆;3-内连电缆;4-安装底板;5-绝缘底座;6-熔断器盒;7-熔断器视窗;8-绝缘盖;9-受流组件金属基座;10-弹簧;11-芯座;12-与转向架;13-安装孔;14-手动脱靴装置;15-受流臂

绝缘盖上装有熔断器视窗,用于检查熔断器的工作状态,受流器通过绝缘底座固定在转向架上,保证绝缘性。

受流臂安装在芯座上,芯座通过两个弹性轴承与受流器的方轴相连,再通过受流组件金属基座与绝缘底座相连。这个机构能够保证碳滑靴与第三轨之间的接触压力。

正常运作时,整列车由20个受流器同时供电。受流器由主体和一套机械装置组成,机械装置能够保证碳滑靴与导电轨之间始终保持接触。整个机构由两个扭簧和两个弹性轴承调整,保证正常工作时,碳滑靴接触压力保持为120N±24N。碳滑靴与熔断器之间用两根95mm²的电缆连接,用以输送电流。手动脱靴装置能够确保有缺陷的受流器被锁定。

 **任务实施**

一、受流器的日常维护

(1)外观清洁,无异物,无裂纹。受流器及附近部位无电击痕迹。
(2)受流器安装状态良好,转动灵活。以走行轨上平面为基准,到达主轴中心高度为

$201.5\text{mm} \pm 2\text{mm}$;以走行轨上平面为基准,到达碳滑靴磨耗线高度为 103.5^{+4}_{-2}mm。

(3)碳滑靴的厚度及接触压力符合要求,无偏磨。碳滑靴磨耗距磨耗线2mm更换。以走行轨上平面为基准,到达碳滑靴下平面高度为140mm时,压力值为96~160N。

(4)编织铜导线端头无损坏,安装状态良好。

(5)高压电缆无磨损、无烧伤。接线端子处无异状,弹簧无裂纹,线卡无松动。

(6)起复装置转动灵活,状态正常。

(7)熔断器安装良好,状态正常,无熔断弹出提示。

(8)受流器杆臂无损坏、无裂纹。

(9)更换受流器集电靴,需涂抹导电脂并更换防松螺母。

二、受流器定期检修

受流器的计划检修项目和技术要求如表2-2-1所示。

受流器计划检修项目及技术要求　　　　　　　　　　表2-2-1

序号	检修项目	方法	技术要求	周期
1	熔断器	目视检查	熔断器上的红色指示灯亮,表示正常;如果熄灭,更换熔断器	每天
	碳滑靴的位置	—	碳滑板:1个碳滑板,4个M8螺母和4个垫圈,如果发现零件丢失,按步骤更换	
2	清理整个受流器		用喷枪喷水清洗受流器,用水清洗,用压缩空气干燥	每月
3	检查碳滑靴的状态	—	检查碳滑靴的磨损标记,检查碳滑靴的磨损程度是否一致,更换有缺陷的碳滑靴	每月
4	更换碳滑靴	—		50000km
5	绝缘底座和绝缘上盖	目视检查	检查部件的整体状态:缝隙、破损、孔隙或在底座和盒盖上的其他可使熔断器受到损伤的缺陷	50000km
6	整个受流器的状态	目视检查	检查部件的整体状态:缝隙、破损、孔隙或在底座和盒盖上的其他可使熔断器受到损伤的缺陷;检查碳滑靴的位置	每6个月或100000km
	电缆	—	检查电缆确保整体完好无损,在护套上无切口、缝隙或其他危及绝缘的缺陷	
	限位螺钉	—	检查限位螺钉的位置及是否磨损,更换不合格的限位螺钉	

续上表

序号	检修项目	方法	技术要求	周期
7	清洁绝缘	大修检查	首先清洗和干燥设施,将兆欧表的一端接在受流臂上,另一端接在转向架上;兆欧表的最低量程设置为500V;测量电阻的读数应不小于100MΩ;否则,检查绝缘底座和绝缘盖	每2年或250000 km
	锁紧力矩	—	用扭矩扳手按检查锁紧力矩	
	接触压力	—	将测力计置于碳滑靴的接触线上,轻轻放下碳滑靴,测量压力,测量的压力值必须为 120 N ± 24 N;否则,检查弹簧和弹性轴承	
8	限位螺钉 电缆 弹性轴承 弹簧 盒盖上的密封条	更换	—	每5年或500000km

三、受流器检修提示

(1)在对受流器进行检修时,必须首先断开车辆电路与地面电路,并放置警示标牌。

(2)戴好安全帽,穿好绝缘鞋,在车辆上挂好禁动牌。

(3)不戴项链、手镯和其他饰物,以防触电。

(4)在用溶剂清洗时,避免将溶液误入眼中和口内。

(5)使用压缩空气时,保护好眼睛和皮肤,不要将压缩空气喷向他人。

(6)手动回退装置收回碳滑靴时的防护措施。

第三轨通电情况下,不可收回碳滑靴。所有的集电器同时连接,所以收回碳滑靴的集电器仍可能带电。所有在轨道上的集电器的维护工作必须在断电情况下进行。

即使在断电的情况下,所有电器元件必须远离第三轨(断电的电容仍存在致命的危险)。靠近第三轨时,致命的电弧放电仍可能出现。

(7)维修人员的必要防护措施。

负责人必须做到确保手下人员受过训练,尤其是相关安全指示。所有维护人员均必须使用个人及公用的保护工具,这样可以有效而严格地考虑安全措施。去掉安全装置或安全装置无效是严重的违规行为。

(8)保护工具及设备的安全。

为防止意外事故,每个维修人员必须保证所使用的工具和设备都处于良好的状态。严禁操作人员独自维护属于专业人员应该维护的设备。没有车间负责人的允许,严禁维修人员开动桥式起动机、滑车及吊车等任何设备。

任务考核

学习工作单

实训项目　受流器的结构认识与检修

班级：　　　　姓名：　　　　学号：　　　　时间：

一、知识总结

1. 简述受流器的结构组成。

2. 简述受流器的日检和月检程序。

二、操作运用

1. 根据给出的受流器检修作业流程，写出检查方法和技术要求并填写检查结果。
2. 操作演示城市轨道交通车辆受流器的检修程序。

三、实训小结

_____

_____

_____

四、成绩评定

评价等级	表达能力	沟通能力	团队合作能力	实际操作能力	知识掌握能力
评价结果					

注：按照学生自评占10%、组内互评占10%、他组互评占20%、教师评价60%比例计分，其中：A－100分、B－85分、C－75分、D－60分、E－50分进行折算。

五、指导老师评语

指导老师签字：　　　　日期：　　年　　月　　日

任务三　避雷器的检修

任务要求

1. 掌握避雷器结构、作用及检修要求。
2. 能独立检修避雷器。

项目二　城市轨道交通车辆高压集电系统设备检修

任务准备

1. 场地准备:城市轨道交通车辆实训中心。
2. 工具准备:个人工具箱,梅花扳手,红色线号笔等。
3. 材料准备:软毛刷,纯棉布,100%工业酒精。
4. 建议课时:4课时。

知识导航

避雷器也称浪涌吸收器,用来限制雷击等因素形成的过电压对列车造成伤害。避雷器设置在受电弓附近,一端接受电弓,另一端通过车体接地片接地;可以有效地防止来自车辆外部的大气过电压和车辆内部的操作过电压对车辆电气设备的破坏。避雷器一般安装在车顶受电弓附近,位置如图 2-3-1 所示。

避雷器的组成如图 2-3-2 所示,包括如下构件:

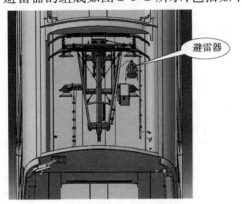

图 2-3-1　避雷器安装位置

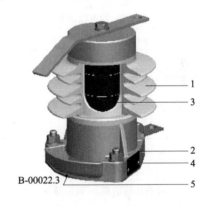

图 2-3-2　避雷器结构图

1-聚合物复合壳体;2-带瓦斯分流器的法兰;3-非线性金属氧化物电阻;4-过渡板;5-灭弧孔

(1)聚合物复合壳体。该壳体由两个主要部件组成,能够保证高机械强度的纤维增强塑料管。避雷器过载时,塑料管不会断裂,保证避雷器出现故障时,无零件脱落。高温交叉耦合的硅酮橡胶敷层的疏水性,可保证壳体表面的放电量维持在最小值,即使在污染条件下也能保证良好的操作特性。

(2)法兰。由防腐蚀的轻合金制成,并与聚合合成壳体耦合。抗紫外线和臭氧的密封环以及耐腐蚀金属隔板保证长久良好的密封性。

(3)非线性金属氧化物电阻。避雷器的有功元件为金属氧化物电阻,它安装在气密的聚合物复合壳体中。金属氧化物电阻为高度非线性,即它们拥有尖锐的电压—电流特性曲线。在某一电压值以下时,只有少量泄漏电流流过避雷器。避雷器设计为在正常连续电压条件下,只有约不到1mA 的泄漏电流流过。雷电过电压或操作过电压时,电阻可导电(欧姆范围),这样浪涌电流可流向大地,过电压减为经过避雷器的残压。操作过电压时,浪涌电流可高达 500A,雷电过电压时其瞬时值甚至可达 10kA。

(4)压力释放隔膜。避雷器的下端板备有一个压力释放隔膜和一个瓦斯分流器。如避雷器过载,该压力释放隔膜将在一定的压力值打开成为聚合物复合壳体压阻力的一部分。在这种情况下,气流将被导向附于避雷器上部法兰的消弧角上,这种电弧可延伸到壳体外部,直至馈线断电。

 任务实施

按城轨车辆的检修修程,避雷器的检修分为日常检修(日检、双周检、月检)和定期检修(年检、大修、架修)。

一、避雷器日常检修

避雷器日常检修内容及技术要求如表 2-3-1 所示。

避雷器检修项目及要求　　　　　　　表 2-3-1

检修项目	检修内容	技术要求
避雷器	(1)检查电缆和紧固螺栓	电缆无损伤、紧固螺栓无松动
	(2)清洁、检查浪涌吸收器外表	清洁、外表应无损伤,如有损坏应更换
	(3)复核避雷器电缆,紧固螺栓扭力	扭力为 45N·m±6N·m

二、避雷器定期检修

避雷器定期检修内容及技术要求如表 2-3-2 所示。

避雷器定期检修内容及要求　　　　　　　表 2-3-2

维修项目	维修内容	方法	工装工具材料	技术要求	备注
避雷器	(1)检查和清洁避雷器外观	目测检查清洁操作	软毛刷,无纺布	表面光洁,无油污,无裂纹和碳化烧灼现象	有污染用纯棉布擦拭干净,再用100%酒精擦洗;有裂纹和碳化烧灼现象则更换
	(2)检查连接螺栓	检查操作	扭力扳手	安装螺母插头无松动、无裂纹,防松标记无错位	
	(3)检查电缆连接件	检查操作	扳手	电缆无损坏	
	(4)泄漏电流试验	试验操作	耐压设备	泄漏电流为 1mA 时电压大于 3100V DC,再施加 75% 电压时,测其泄漏电流不能大于 500μA	

三、避雷器检修提示

(1)任何工序开始前,确认以下安全措施是否施行:
①断电及绝缘。
②防止重合闸。
③确认设备无电。
④使设备接地并短路。

⑤覆盖或隔开附近的带电部件。

⑥若不遵守安全守则,可能导致死亡、严重的受伤及对财产及环境造成较大的损害。

(2)在拆除避雷器主回路接线时,注意不要损坏避雷器瓷绝缘子,绝缘子内装有氮气,损坏后立即报废。

(3)在对避雷器进行检查和擦拭时,务必小心避雷器的接地端,接地端子易损坏且与绝缘子底部的压力释放隔膜相连,安装、拆卸与擦拭时不要松动瓷绝缘子底部的4个螺母。

任务考核

学习工作单

实训项目　避雷器的结构认识与检修

班级：　　　姓名：　　　学号：　　　时间：

一、知识总结

1. 避雷器的结构组成有哪些?

2. 避雷器检修注意事项有哪些?

二、操作运用

1. 根据给出的避雷器检修作业流程,写出检查方法和技术要求并填写检查结果。
2. 操作演示城市轨道交通车辆避雷器的检修程序。

三、实训小结

_____
_____
_____

四、成绩评定

评价等级	表达能力	沟通能力	团队合作能力	实际操作能力	知识掌握能力
评价结果					

注：按照学生自评占10%、组内互评占10%、他组互评占20%、教师评价60%比例计分,其中：A-100分、B-85分、C-75分、D-60分、E-50分进行折算。

五、指导老师评语

指导老师签字：　　　　　　　日期：　　年　　月　　日

项目三　城市轨道交通车辆牵引系统设备检修

一、城市轨道交通车辆牵引系统概述

城市轨道交通车辆牵引系统是采用直流供电,变频变压(VVVF)驱动三相异步交流电动机的传动系统,具有牵引、电制动、防空转等功能,多采用电制动与空气制动混合运算的控制方式。电制动优先,空气制动补足,牵引系统具有防空转保护功能。

如图 3-0-1 所示是以 6 节车编组的车辆为例的牵引和制动系统电气设备分布。

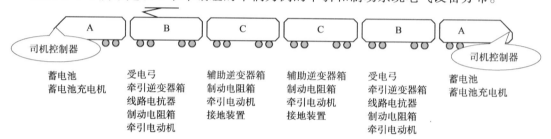

图 3-0-1　牵引和制动系统电气设备分布

二、牵引电路原理介绍

牵引主电路图如图 3-0-2 所示。

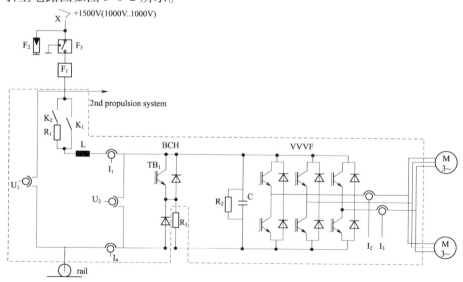

图 3-0-2　牵引主电路图

主电路电气符号含义如表 3-0-1 所示。

主电路电气符号 表3-0-1

BCH	制动斩波器	M	感应电机
C	直流环节电容(A100)	VVVF	牵引逆变器(A100)
F_1	高速断路器	R_1	预充电电阻(R120~122)
F_2	避雷器	R_2	放电电阻(A100)
I_1	网侧电流传感器(A100)	R_3	制动电阻
I_2,I_3	电机电流传感器(A100)	TB_1	制动斩波器(A100)
I_4	回流电流传感器(A100)	U_1	网侧电压传感器(A100)
K_1	线路接触器(K100)	U_2	直流环节电压传感器(A100)
K_2	预充电接触器(K102)	X	受电弓
L	线路电抗器(L100)	F_3	刀开关

牵引主电路可分为以下功能组：
(1)功率输入电路。
(2)电压源直流回路。
(3)制动斩波电路。
(4)逆变器电路。
(5)逆变器控制单元(ICU)。

1. 功率输入电路

功率输入电路的主要功能是将牵引逆变器与接触网的直流输入电源接通/切断。电源输入电路包括线路接触器 K_1、预充电接触器 K_2、预充电电阻器 R_1、线路电抗器 L、线路电压传感器 U_1 和线路电流传感器 I_1。如图 3-0-3 所示。

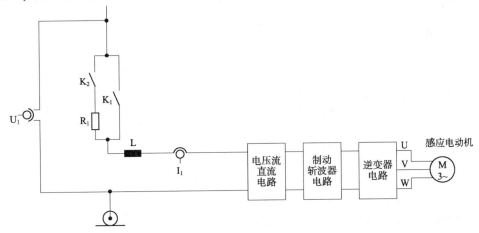

图 3-0-3 功率输入电路图

2. 电压源直流电路

电压源直流中间回路的主要功能是为感应电动机提供无功功率,并稳定直流中间回路电压。电压源直流中间回路包括电容器 C、放电电阻 R_2 和直流回路电压传感器 U_2。如图 3-0-4 所示。

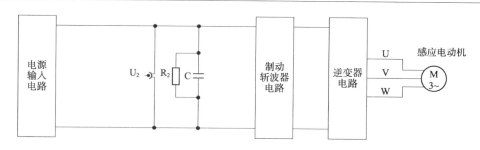

图 3-0-4 功率输入电路图

C-直流回路电容器；R_2-放电电阻；U_2-直流回路电压传感器

3. 制动斩波电路

制动斩波器电路的任务，一是吸收电阻制动产生的电能或接触网产生的浪涌电压，二是在从接触网断开后快速释放直流回路电容的电能。制动斩波器(BCH)电路包括制动斩波模块 TB 和制动电阻器 R_3。如图 3-0-5 所示。

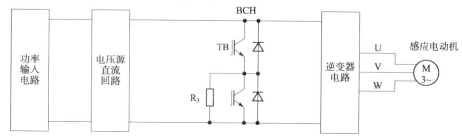

图 3-0-5 制动斩波器电路图

4. 逆变器电路

逆变器电路由三个桥臂组成，每个桥臂包括两个可开关的主元件(IGBT)，其反并联的续流二极管包含在 IGBT 模块中。如图 3-0-6 所示。

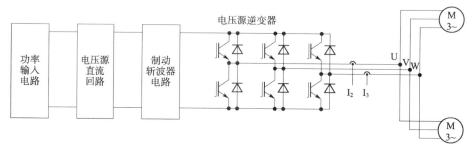

图 3-0-6 牵引逆变器电路图

I_2、I_3-电动机电流传感器

5. 逆变器控制单元 ICU

ICU 负责控制、监控和保护牵引逆变器。逆变器控制单元将对直流回路电压、相电流、系统电压和电流的测量值(由传感器采集)进行评估。控制单元对半导体产生触发脉冲，这些半导体是逆变器功率模块的一部分。逆变器控制单元将开通/关断线路接触器和预充电接触器。出于保护目的，控制单元将检测并评估逆变器功率模块内的各种温度。由 ICU 通过光纤直接驱动各 IGBT 的门极，实现对主电路的控制。

依据电客车司机和车辆检修员职业资格标准，本项目根据电客车检修过程及牵引系统电气原理设计了六个学习性的任务,包括:电客车司机控制器的检修,牵引逆变器箱设备检修,线路平波电抗器箱检修,制动电阻箱检修,牵引电动机检修及接地装置检修。如图 3-0-7 所示

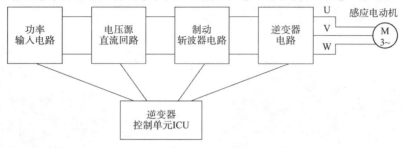

图 3-0-7　ICU 接口图

任务一　司机控制器检修

任务要求

1. 掌握司机控制器结构、作用及检修要求。
2. 熟悉司机控制器的各级检修程序。
3. 会对司机控制器的主要部件进行拆卸安装和调试。

任务准备

1. 场地准备:城轨车辆实训室,多媒体教学。
2. 工具准备:螺丝刀,开口扳手,内六角扳手,兆欧表,欧姆表等。
3. 物品准备:毛刷,电气清洁剂,压缩空气,6 号汽油机油,润滑脂等。

知识导航

一、概述

司机控制器是用来操纵地铁车辆运行的主令控制器,是利用控制电路的低压电器间接控制主电路的电气设备,用来控制机车(或动车等)的运用工况和行车速度。它是一种典型的组合电器,属于凸轮触点式控制方式,主要由主控制手柄、方向手柄、组合开关、凸轮、传动轴、电位器等部件组成。地铁车辆用司机控制器外形及结构如图 3-1-1、图 3-1-2 所示。

二、使用环境

(1)海拔不超过 2500m。
(2)最高工作环境温度不超过 45℃。
(3)最低工作环境温度为 -25℃,并允许在 -40℃ 的温度下存放。
(4)周围空气湿度,最湿月的月平均最大相对湿度不大于 90%(该月月平均温度最低为 25℃)。
(5)相对于正常位置的倾斜度不大于 10°。

35

（6）振动和冲击条件符合《铁路应用机车车辆设备冲击和振动试验》（TB/T 3058—2002）中1类B级的规定。

（7）装在有防雨、雪、风、沙的车（箱）体内。

图 3-1-1　司机控制器　　　　　　　图 3-1-2　司机控制器面板

三、结构及功能

1. 司机控制器结构

司机控制器面板如图 3-1-2 所示。

司机控制器设有主手柄、方向手柄、司机钥匙、警惕按钮（死人装置按钮），其机械或电气互锁关系满足列车运行控制需求。主手柄上部为"警惕按钮"，在手动驾驶模式下，该按钮如果持续松开或持续闭合超过规定时间，列车会触发紧急制动。

主手柄设有"牵引"区、"0"位、"制动"区及"快速制动"位。方向选择手柄设有"前－0－后"3个挡位，手柄在每挡位均有定位。司机钥匙设有"开－关"2个位置。

2. 司机控制器的联锁

为了防止可能产生的误操作，司控器主手柄、方向选择手柄和司机钥匙之间设有机械联锁装置，具体联锁如下：

（1）当司机钥匙打开时，钥匙不能拔出；当司机钥匙关闭时，钥匙可拔出。

（2）当司机钥匙打开时，方向选择手柄可在"前""0""后"之间转动；当司机钥匙关闭时，方向选择手柄被锁在"0"位。

（3）方向选择手柄不在"0"位时，锁不能关闭。

（4）方向选择手柄在"前"或"后"位时，主手柄可离开"0"位转到任一位置，方向选择手柄在"0"位时，主手柄被锁在"0"位。

（5）主手柄在"0"位时，方向手柄可在"前""0""后"之间转动。主手柄在非"0"位时，方向手柄被锁在"前"或"后"位。

3. 操作司机控制器

在使用时，先打开司机钥匙，再由方向手柄选定列车的行车方向（"前"或"后"），操作主手柄来控制列车的速度。在行车过程中，如需要改变列车的方向时，必须将主手柄放回"0"位后，才可进行方向手柄的操作。如司机需要进行换端操作时，必须将本端司机控制器的主手柄置"0"位，且将方向选择手柄置"0"位，锁闭司机钥匙，拔出钥匙，方可进行换端操作。

4. 电位器的调节

控制手柄的调速主要是通过调节电位器的电阻大小来实现的。其工作原理参见图3-1-3，其中的电阻R代表的是"牵引"区域或"制动"区域的单边电阻，两边的结构以"0"位为中心对称。两个电位器的公共端接地，另一端经限流电阻接+15V直流电源，滑动端随控制手柄转动而移动，从而改变滑动端和15V电源端之间的电压，如图3-1-3所示，这三点电位信号由X2-2、X2-3、X2-5输出到控制主机，控制主机根据这一电压信号判断控制手柄的级位设定值。

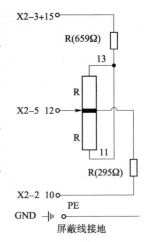

图 3-1-3　司机控制器电位器工作原理

任务实施

一、司机控制器的日常维护

1. 司机控制器检修与维护时的工作内容

（1）司机控制器的名牌及标识符号应齐全、完整、清晰与正确。

（2）司机控制器各部件应清扫干净，绝缘性能良好，对外连接插座连接正确，零部件齐全完整。

（3）各紧固件齐全，紧固状态良好。

（4）控制手柄在各个挡位之间应转动灵活，无机械卡阻，相邻两挡位之间不应出现停滞现象。

（5）换向手柄在各个挡位之间应转动灵活，无机械卡阻，相邻两挡位之间不应出现停滞现象。

（6）司机控制器控制、换向手柄之间的联锁关系应正确无误。

（7）司机控制器的闭合表和对外连接线应与规定相一致。在司机控制器线束内有一根备用线（不带线号，头部折弯）。

（8）在司机控制器的各个转动部位加注6号汽油机油，在机械联锁处加润滑脂。

2. 司机控制器的绝缘要求

（1）相互绝缘的带电部分之间及对地的绝缘电阻不小于10MΩ（用500V兆欧表）。

（2）检修后应进行绝缘介电强度试验。司机控制器带电部分对地及相互间施以50Hz、1100V、正弦波交流电1min，应无击穿、闪络现象。

3. 司机控制器触头的检修要求

（1）司机控制器日常检修时，应注意检查触头内部及滚轮架（包括滚轮滚动）的动作是否灵活可靠；如不灵活，应在触头滚轮轴芯及滚轮架轴芯部分加少许6号汽油机油，以增加触头动作的灵活性。

（2）司机控制器使用的触头为自净式速动开关元件，均为免维修型。如确有严重烧损和动作不灵活者，应更换该触头。更换时，注意触头型号和触头滚轮的安装方向。

（3）应定期检测触头的接触电阻，采用低电阻测试仪（如固纬GOM-801G）测量，测量电流不小于1A，触头的接触电阻应小于500MΩ。

4. 若是由于机械原因造成的故障，需要对司机控制器进行拆卸时的注意要点

（1）司机控制器的控制凸轮组件和换向凸轮组件有机械联锁关系，在拆装时，应注意作好标记，必须按照闭合表进行。

(2)控制侧和换向侧的弹片组件安装的倾斜程度,可调整控制手柄和换向手柄的操作力大小,在保证司机控制器动作可靠的情况下,两手柄操纵轻便、灵活。

(3)控制侧和换向侧的凸轮是产品出厂前整定好的组件,在拆装时请不要随意拆开。

(4)为了保证司机控制器对外的连接无误,在检修、拆装时,应注意司机控制器对外连接。

二、司机控制器检修内容及技术要求(表3-1-1)

司机控制器检修程序　　　　　　　　　表3-1-1

维修项目	维修内容	方法	工装工具材料	技术要求	备注
司机控制器	(1)拆下并分解和清洁主控制器	分解操作清洁操作	毛刷,压缩空气,螺丝刀,开口扳手,内六角扳手,电气清洁剂,主控钥匙	凸轮等各部件清洁无积尘,无积垢	
	(2)检查刷子、司机安全装置螺栓的磨损情况	目测检查	通用工具	司机安全装置螺栓长度不小于80mm,刷子无缺损	有问题则更换
	(3)检查主控制器各工作位置的标记是否正确	目测检查		工作位置标记清晰、正确	
	(4)检查主控制器的联锁装置	目测检查手动操作	通用工具,主控钥匙	联锁功能正确	有问题则维修
	(5)检查主控制器的牵引制动范围有无卡滞	手动操作		无卡滞	
	(6)更换主控制器的限位止挡	更换操作	螺丝刀,套筒扳手	更换好后注意调整填隙垫圈数量,手柄动作行程正确,快速制动和牵引力最大时输出信号正确	
	(7)重装主控制器并润滑各部件	重装操作润滑操作	通用工具,凡士林	重装好后,测试确认触点顺序和传感器输出信号正确并提供信号值报告,各微动开关活动自如,接线良好,机械联锁良好,工作正常,被润滑部件工作灵活,无卡滞,无异声,司机安全装置控制杆工作灵活	有异常则修复
	(8)测试PWM输出	测试操作	维护PC	输出信号: 常用制动 PWM = 78.3%; 快速制动 PWM = 90%; 牵引 PWM = 90%; 惰行 PWM = 10%	
	(9)清洁编码器	清洁操作		清洁,无灰尘	

任务考核

学习工作单

实训项目　司机控制器的结构认识与检修

班级：　　　　姓名：　　　　学号：　　　　时间：

一、知识总结

1. 司机控制器的结构组成。

2. 司机控制器的手柄联锁关系。

二、操作运用

1. 根据给出的司机控制器检修作业流程，进行司机控制器技术状况检查并填写检查结果。

检查内容	检查标准	检查手段	检查结果
外观检查	整体清洁，无变形，无损伤	目视、操作检查	
钥匙开关	钥匙开关无变形、无损伤，操作位置准确灵活	目视、操作检查	
按钮	复位按钮、高加速按钮接线牢固、正确，动作灵活，无卡滞	目视、操作检查	
手柄	方向手柄操作无异常，动作灵活；主手柄操作无异常，动作灵活、级位准确	目视、操作检查	
警惕开关	警惕开关动作灵活，无卡滞	目视、操作检查	
接线、螺栓	内、外部接线牢固，螺栓无损伤、变形、变色、裂纹，安装状态良好	目视、操作检查	
触点	各辅助触点开关及接线状态良好		
电位计	电位器无变色、无裂纹、无电弧灼伤，输出电压符合要求		

2. 操作演示城市轨道交通车辆司机控制器的检修程序。

三、实训小结

_____

_____

_____

四、成绩评定

评价等级	表达能力	沟通能力	团队合作能力	实际操作能力	知识掌握能力
评价结果					

注：按照学生自评占10%、组内互评占10%、他组互评占20%、教师评价60%比例计分，其中：A－100分、B－85分、C－75分、D－60分、E－50分进行折算。

五、指导老师评语

指导老师签字：　　　　　　　　日期：　　年　　月　　日

任务二 牵引逆变器设备检修

任务要求

1. 掌握牵引逆变器的作用、结构和工作原理。
2. 能够对牵引逆变器进行日常检查维护。
3. 熟悉根据检修操作规程要求的牵引逆变器的日检、月检和架修的操作程序。

任务准备

1. 场地准备:城市轨道交通车辆检修实训中心(配备多媒体)。
2. 工具及设备:VVVF试验装置、吸尘器、专用锉、光功率计、负载阻抗2.2kΩ、电压表、DC±15V电源、钳形电流表(最大量程2000A)、2kΩ电阻、直流稳压电源(0~200V)、高压直流可调电压源(0~1500V)、直流可调电流源(2000A可调)、短连线若干条、游标卡尺、力矩扳手、万用表、压缩空气、电器钳工常用工具。
3. 材料:专用的电子设备清洗剂、棉布、无纺棉纸、绝缘胶带、酒精、中性玻璃胶。

知识导航

一、牵引逆变器的设备组成

如图3-2-1所示,牵引逆变器安装在车辆地板下面,分为通风部分和封闭部分,需要大量散热的设备经过绝缘设置在通风部分,由于绝缘性质需要防止污损的设备则收藏在封闭部分的箱体里。其中,半导体元件的冷却采用热管(带散热片),元件设置在封闭部分,而散热部分伸到车辆侧面的通风部分里。散热方式分为走行风冷与强迫风冷两种。牵引逆变器的散热器如图3-2-2所示。

图3-2-1 牵引逆变器的箱体　　　　图3-2-2 牵引逆变器的散热器

如图3-2-3所示,牵引逆变器主要包括的部件有:电源单元、电磁接触器、放电电阻器、充电电阻器、滤波电容器、电流传感器、电压传感器、线路接触器、逻辑控制单元及其他部件等。下面分别对它们进行介绍。

1. 逆变单元

电源单元由6个IGBT元件构成三相桥式逆变器。电机电流检测用母线传感器实时检测牵引电动机电流,信号输送至逻辑控制单元。VVVF变频装置通常配置两套逆变单元,其中一套发生故障时,另一套仍能正常工作。IGBT安装板如图3-2-4所示。

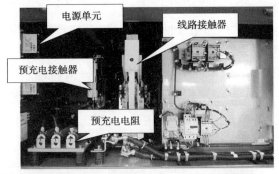

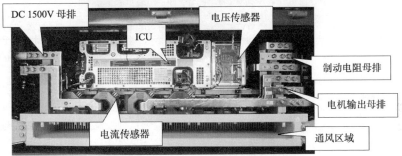

图3-2-3　牵引逆变器结构

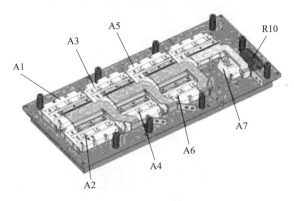

图3-2-4　IGBT安装板

A1~A6-逆变模块IGBT；A7-制动斩波器；R10-放电电阻

2. 电磁接触器

用于控制向逆变单元的供电,该断路器由逻辑控制单元根据不同工况控制它的吸合或分断。

3. 各类电阻器

(1) 放电电阻器

用于限制断开主断路器时滤波电容的放电电流。

(2) 充电电阻器

用于限制系统上电时对滤波电容充电时的电流。采用了大容量的绕组线圈电阻器,在电路中与接触器触头并联。

4. 滤波电容器

与平波电抗器共同构成滤波电路，使用长寿命的油浸电容器。

5. 电流、电压传感器

用于检测牵引主电路中的电流值和回路电压，检测信号输送至逻辑控制单元。

6. 逻辑控制单元（ICU）

逻辑控制单元使用32位微处理器，其主要功能包括：解码来自驾驶室的牵引指令和PWM信号、加/减速控制、前进/后退控制、冲击控制、负荷补偿、空转/滑行控制、再生制动的控制、与空气制动系统通信。

7. VVVF牵引逆变器技术参数（表3-2-1）

VVVF牵引逆变器技术参数　　　　表3-2-1

序号	项目	技术参数
1	供电电压	1500VDC 变动范围 1000~1800VDC（再生制动时最高1980V）
2	控制方式	可变电压、可变频率（VVVF）逆变器控制带制动斩波 2台主电动机并联×2组控制
3	逆变器容量	（190kW　1110V　124A　80Hz）IM×4台控制
4	额定输入电流	450A
5	逆变器系统	二点式/IGBT
6	冷却方式	热管冷却方式
7	电流检测	用霍尔元件检测各相电流
8	速度检测	采用"无速度传感器控制"
9	绝缘电压	AC5750V　1min

二、VVVF牵引逆变器原理

1. 牵引逆变电路的基本原理

基本的单相桥式无源逆变电路工作原理如图3-2-5所示。

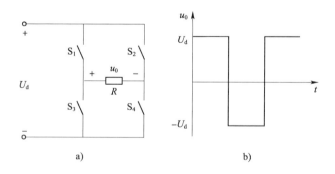

图3-2-5　逆变电路工作原理

图中 U_d 为电源电压，u_0 为逆变电路的输出负载，$S_1 \sim S_4$ 为四个高速开关。该电路有两种工作状态：

S_1、S_4 闭合,S_2、S_3 断开,加在负载 R 上的电压为左正右负,输出电压 $u_0 = U_d$；

S_2、S_3 闭合,S_1、S_4 断开,加在负载 R 上的电压为左负右正,输出电压 $u_0 = -U_d$。

当以频率 f 交替切换 S_1、S_4 和 S_2、S_3 时,负载将获得交变电压,其波形如图 3-1-7b)所示。切换周期 $T = 1/f$,这样,就将直流电压 U_d 变换成交流电压 u_0。

2. 列车运行方向的转换

在 VVVF 逆变器方面,可根据 IGBT 导通、关断顺序的变更来改变相序,使三相电动机的旋转方向改变,从而使列车前进或者后退。

3. 牵引—再生电制动的转换

在三相电动机的运转中,转差率为负数时,牵引电动机进入发电机工作状态,产生电制动电流。IGBT 由逆变器转换为整流器状态,将电制动电流转换成直流,再生电制动形成的直流能量将反馈至直流供电网或者经斩波器消耗在制动电阻之上。

所谓转差率成负数时,是因为根据电动机运转的转速将逆变器的频率变小。所以,在运行—再生制动的转换方面,只要控制逆变器的频率就能实现。

任务实施

一、牵引逆变器日常检修

1. 安全注意事项

(1)检修作业时,确认受电弓已经降下并隔离(要使编组中的全部受流器脱离三轨,并使各种高压开关置于"断开"位置后再进行操作)。

(2)检查主开关是否处于 OFF 位。

(3)作业前检查滤波电容器电压是否为 0。

(4)检查所有 DC 控制电源是否已经被隔离。

2. VVVF 牵引逆变箱日常检查

(1)检查箱盖和紧固件

目视检查箱盖是否正常盖上,是否有任何损害,如有则更换箱盖。

目视检查箱盖锁是否有损坏,确认锁是否正常并且顺畅移动,如有损坏则需要更换。

目视检查 VVVF 牵引逆变箱内部是否无尘,如有则需要进行清洁箱子内部。

确认散热片是否无污染,如有则需要用硬刷和压缩空气清洁散热片。

(2)检查箱子外部、安装托架及接地线

目视检查 VVVF 牵引逆变器箱外部是否有腐蚀、变形或其他任何损坏迹象,如有需要修理箱体。

目视检查箱体安装托架是否有裂纹或损坏,如有则需要修理箱体安装托架。

目视检查箱体焊接是否有裂纹,如有则需要修复箱体焊接。

确认接地线是否有损坏迹象,如有则需要更换接地线。

二、牵引逆变器箱定期检修

牵引逆变器箱的定期检修项目和技术要求如表 3-2-2 所示。

牵引逆变器箱的定期检修项目和技术要求　　　　表 3-2-2

序号	维修项目	维修内容	方法	工装工具材料	技术要求	备注
1	牵引逆变器箱体和风扇进气滤网	检查和清洁牵引逆变器箱和风扇进气滤网	目测检查清洁操作	粗毛刷,无纺布,压缩空气,电气清洁剂	逆变器箱内外和滤网干净清洁,无积尘	修复或更换
2	牵引逆变器风扇电机轴承	更换主逆变器风扇电机的轴承和风机外橡胶挡圈	拆装操作更换操作	升降台,扳手,万用表,标准工具,轴承拆装工具	电机对壳体绝缘阻值不低于 5MΩ,三相绕组电阻值偏差不超过10%,三相电流的偏差不超过平均值的10%,电机运转平稳无异声	—
3	线路接触器(LC)	检查和清洁线路接触器(LC)的主触头和辅助触点及灭弧罩	清洁操作检查操作	通用工具,扳手,酒精,无纺布,吸尘器	无积尘,无积垢,触头表面无烧损,无明显氧化;检查触头磨耗程度,主触头表面凹坑深度不大于 0.5mm,辅助触头电阻值≤500mΩ	修复或更换
4	电容充电接触器(CCC)	检查和清洁电容充电接触器(CCC)的主触头和辅助触点及灭弧罩	清洁操作检查操作	通用工具,扳手,酒精,无纺布,吸尘器	无积尘,无积垢,触头表面无烧损,无明显氧化;检查触头磨耗程度,主触头表面凹坑深度不大于 0.5mm,辅助触头电阻值≤500mΩ	修复或更换
5	高速断路器(HSCB)	1. 检查高速断路器(HSCB)	目测检查	扳手,灰尘掸,吸尘器,无纺布,照明灯	紧固件正确紧固,各部件清洁无积尘	—
		2. 清洁和检查高速断路器(HSCB)的灭弧罩、灭弧角、陶瓷件、底座	清洁操作检查操作	一字螺丝刀,万用表,电源,软金属刷,吸尘器,金刚砂纸,照明灯	清洁,无积尘,无积垢,无裂纹,无烧损,无积碳	修复或更换
		3. 检查高速回路断路器(HSCB)的主触头,辅助触点,连接电缆及插针	检查操作	电源(可开关),螺丝刀,万用表	接线正确、牢固,接触良好;触头表面无烧损,无明显氧化;检查主触头磨损情况;辅助触头电阻值≤500mΩ	修复或更换

续上表

序号	维修项目	维修内容	方法	工装工具材料	技术要求	备注
6	牵引逆变器模块（PIM1）的散热片	清洁牵引逆变模块（PIM1）的散热片	清洁操作	无纺布，吸尘器	无积尘，无积垢	—
7	电阻制动斩波模块（PIM2）的散热片	清洁制动斩波模块（PIM2）的散热片	清洁操作	无纺布，吸尘器	无积尘，无积垢	—
8	牵引控制电子单元（PCE）	更换牵引控制电子单元（PCE）的锂电池	更换操作	专用维修工具，内六角扳手	电池更换后，贴上"电池已更换"标签，PCE上电自测试功能正常	—
9	接线母排	检查接线母排	目测检查	—	连接可靠	
10	主逆风道	清洁主逆风道	清洁操作		干净，无积尘	

三、牵引逆变器维护

建议进行定期维护时间间隔如表3-2-3所示。实际维护间隔期将根据实际使用情况、环境条件和合适的经验来决定。

牵引逆变器维护周期   表3-2-3

维 护 时 间 间 隔	维 护 工 作 内 容
三个月	目视检查滤尘器空气入口，并清理
一年	目视检查牵引逆变器内外部，并清理

FSA过滤器将设备风扇吸入的冷却空气中的灰尘、液滴和雪片过滤掉。如图3-2-6所示，FSA过滤器属于吸滤器。此外，在FSA过滤器前方还安装了一个皮棉网筛，以防止较粗的杂质（植物叶子、棉絮、种子等）进入冷却风道。

FSA过滤器（FSA）属于挤压铝材的焊接结构，它由一个空气收集单元和铝板组成。FSA过滤器通过带黏性密封条的铝质法兰板用螺栓固定到牵引箱上。

图3-2-6 FSA过滤器

如图3-2-7所示，圆形入口使待过滤的气流以任何方向流进入口缝隙。加速的空气由收集器1、2汇合并分流。惯性使颗粒进入空心区域。空心区域的弱流区形成了集气点，在此，由于重力作用，颗粒将存积到底部，空心区域下方的收集室将颗粒集结在一起，并防止吸入二次空气。

目视检查空气入口处的网格滤网：检查网格滤网的外部的堆积的浮尘。为此，没有必要打开/移除维修盖板，如有必要则需清理。见表3-2-4、表3-2-5。

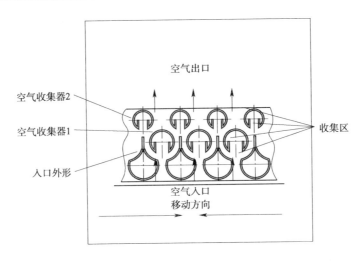

图 3-2-7 FSA 工作原理

牵引逆变器箱内部除尘作业　　　　　　　　　　　　　　　表 3-2-4

步骤	除尘内容	除尘方法	合 格 标 准
1	箱体内部	吸尘器	箱体内部清洁无异物,无异味
2	电子装置冷却风扇	吸尘器	扇叶清洁无异物
3	散热片	吸尘器	清洁无异物
4	冷却风扇与散热翘片	手动擦拭	扇叶清洁无异物

牵引逆变器内部检查作业流程　　　　　　　　　　　　　　　表 3-2-5

步骤	检查内容	检查方法	合 格 标 准
1	箱体内部状态	目视 鼻嗅	各部件安装状态良好,无异味
2	冷却风扇	目视	电子装置冷却风扇转动灵活
3	接触器	目视、手动检查	冷却风扇接触器安装状态良好,无异常
4	放电电阻器	目视、手动检查	放电电阻器无损坏和过热迹象,各部螺栓紧固无松动
5	冷却风扇与散热翘片	目视、手动检查	冷却风扇与散热翘片安装状态良好动作正常
6	K-IC、K-CCC	目视	K-IC、K-CCC 安装状态良好
7	触头	目视	触头表面无拉弧、无烧损,磨耗度符合要求
8	散热片	目视	外观清洁无异物

四、牵引逆变器检修注意事项

在对牵引逆变器箱进行任何操作前,必须遵守以下 5 项规则:

(1)切断电源。

(2)防止电源被再次接通。

(3)检查并确保没有电压。

(4)进行接地和短路。

(5) 盖好附近的带电部件或在这些部件周围设置障碍物。

即使牵引逆变器箱断电较长一段时间后,仍可能携带导致人身伤害的电流。当列车正常断电时,牵引逆变器直流回路的电容器将迅速通过制动斩波器和制动电阻放电。另外,同时能通过直流回路的持续放电电阻缓慢放电。直流回路电容器通过持续放电电阻放电至少需要 20min(使电压从 1800V 降到 60V 以下的安全电压值)。另外,在牵引逆变器箱入口处需严格执行 5 项安全规则,确保直流侧无电压。

如图 3-2-8 所示,确定紧凑型逆变器芯母排上的测量点不带电。这些测量点是凹进在母排上,以确保测量的峰值正确。

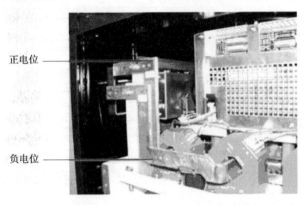

图 3-2-8　紧凑型牵引逆变器上测量点的位置

学 习 工 作 单

实训项目　牵引逆变器的结构认识与检修

班级:　　　　姓名:　　　　学号:　　　　时间:

一、知识总结

1. 牵引逆变器的作用及主要参数。

2. VVVF 牵引逆变器的工作原理。

二、操作运用

1. 根据给出的牵引逆变器的标准作业流程,进行牵引逆变器状况检查并填写检查结果。

检查内容	检查标准	检查手段	检查结果
箱体	箱体无污垢或异物、无变形,箱内无异物,箱体螺钉安装良好	目视、操作检查	
吊挂螺栓	螺栓紧固无松动,弛缓线无位移,安装吊梁无变形、无裂纹	目视、操作检查	
接地线	接地线安装良好无断裂	目视、操作检查	
电阻单元	电阻瓷片无裂纹、烧损,电阻片无严重变形	目视、操作检查	
线缆	线缆安装良好,外皮无破损污物	目视、操作检查	
箱体出线	线缆无破损、箱体出线良好	目视、操作检查	
把手	把手安装良好,无掉落	目视、操作检查	

2. 操作演示城市轨道交通车辆牵引逆变器的车侧及车下检修程序。

三、实训小结

_____

_____

_____

四、成绩评定

评价等级	表达能力	沟通能力	团队合作能力	实际操作能力	知识掌握能力
评价结果					

注:按照学生自评占10%、组内互评占10%、他组互评占20%、教师评价60%比例计分,其中:A-100分、B-85分、C-75分、D-60分、E-50分进行折算。

五、指导老师评语

指导老师签字:　　　　　　日期:　　　年　　月　　日

任务三　平波电抗器检修

任务要求

1. 掌握平波电抗器的作用、结构和工作原理。
2. 能够对平波电抗器进行日常检查维护。
3. 熟悉检修操作规程要求的平波电抗器的日检、月检和架修的操作程序。

任务准备

1. 场地准备:城市轨道交通车辆检修实训中心(配备多媒体)。
2. 设备及工具:游标卡尺、耐压设备、兆欧表、电感测试仪、手电、力矩扳手、螺丝刀、低电阻测试仪、电器钳工常用工具。

3. 材料:棉布、酒精、中性清洗剂、中性玻璃胶、ThreeBond1501 胶。

知识导航

一、概述

平波电抗器是主电路的一部分,与直流回路支撑电容器组成滤波单元,用来限制直流侧滤波单元的电压、电流波动,抑制高次谐波,阻止供电的瞬时突变,保护电器设备。平波电抗器多数为空心电抗器,也有带铁芯的电抗器,电感值为常数,不随通过电抗器电流的大小变化而改变。采用走行风自然冷却,安装在车辆地板下的箱体内。

平波电抗器的所有绝缘材料均无毒、阻燃,采用 H 级绝缘。在组装完成后,整体真空压力浸渍 H 级绝缘漆,使用绝缘柱将线圈牢固地安装在箱体上,以保证有良好的绝缘性能、防潮性能、抗振动及短路冲击能力。绕组采用铜电磁线绕制成饼式,饼与饼间用 H 级绝缘材料隔开,以形成饼间气道,利于电抗器散热。

二、作用

平波电抗器接在变频系统的直流整流环节与逆变环节之间,主要用途是将叠加在直流电流上的交流分量限定在规定值,保持整流电流连续,减小电流脉冲值,使逆变环节运行更稳定及改善变频器的功率因数。

城市轨道交通车辆 VVVF 牵引逆变器带一个平波电抗器,采用自然冷却方式,通过电缆连接。电抗器与主电容器组成一个低通滤波器,以减少逆变器高次谐波,防止供电电源的突变,减小供电电压波动对变频器的影响。

三、结构与参数

1. 结构

(1)平波电抗器由 16 根拉紧螺杆、两个端板、两个连接板组成其承载骨架。

(2)线圈是一个刚性较好的整体。每个线圈有 27 个线饼,每个线饼由 7 层铜线绕制而成,铜线在绕制之前要用聚酯纤维收缩带、无碱玻璃丝带、聚酰亚胺薄膜、云母带等绝缘物质包裹;每个线饼之间用绝缘垫块隔开,形成较大气隙,更有利于电抗器散热。再用12 根拉紧螺杆把 27 个线饼连接在一起,两个独立线圈并排固定在承载骨架上,线圈留有较大内径,形成通风孔。

(3)在电抗器线圈外侧有防护罩,防止在列车运行时大体积固体物件进入电抗器内部,同时,也能通过网孔进风,达到风冷的效果。前、后端板都留有观察孔,可供以后维护时查看线圈状况;并在前端板设计一个明显的高压标示,后端板设计一个接地螺栓。

(4)接线盒放置在连接板上,采用 IP54 的密封结构,打开接线盒的盖板就可以完成日常维修、检测。

2. 主要技术参数

结构方式:空心式。

工作方式:持续工作制。
额定电流:直流 DC 450A(持续工作制)。
最大电流:1000A(持续时间15s,周期100s)。
额定电压:DC 1500V(DC 1000~1800V)。
电感值:5mH(-5%~+10%)。
绝缘等级:H级。
温升限值:125K(线圈部位,采用电阻方法)。
绝缘耐压:工频试验电压 AC5600V,1min。
冷却方式:走行风冷。
质量:400kg(含屏蔽板)。

任务实施

一、平波电抗器月修规程及工艺

1. 月修规程

(1)外观清洁无异状,安装位置无裂纹、无变形、无烧损、无锈蚀。
(2)引出线电缆无老化、无损伤。
(3)线圈外观无异状,匝间清洁、绝缘状态良好。
(4)端子箱外观无异状,安装牢固,密封材料永久变形量及弹性符号标准。密封材料变形量在3mm以上,无弹性的更换。
(5)接线端子无变色、无损伤,固定螺栓无裂纹,安装状态良好。

2. 检修工艺流程

1)箱体

(1)目视检查箱体外观有无变形,破损变色的修理或更换。脱漆的应补漆。
(2)用螺丝刀松下箱盖(通风网罩)的固定螺钉,取下箱盖(通风网罩)。
(3)箱体用棉布擦拭清洁,有明显油污时可用棉布沾少量清洗剂擦拭干净。
(4)目视检查引出线外观无异常,否则更换。
(5)用棉布沾中性清洗剂将箱盖(通风网罩)擦拭干净,检查其应无变形、损伤等异常,否则校正处理。
(6)确认箱体安装螺栓的旋紧状态,松动者用力矩扳手按规定值紧固。外观确认安装状态无异常,异常的恢复正常状态。

2)线圈

(1)目视检查外观应无损伤。严重损伤者更换。
(2)用干棉布擦去灰尘,用长毛刷清扫线圈里面灰尘,有明显油污时可用棉布沾少量清洗剂清洗干净。
(3)用耐压设备进行绝缘耐压试验,施加50Hz交流电压2000V持续1min,若未发生异常则合格。
(4)常温下,用1000V兆欧表测定绝缘电阻,阻值大于5MΩ。

(5)利用低电阻测试仪分别测量线圈电阻值。阻值异常时,对接线端头进行解体检查。

3)端子箱

(1)目视检查出线箱内外应无腐蚀、烧损、变色、断裂等异常,否则应更换。

(2)打开出线箱盖,用干棉布清扫擦拭箱内。

(3)检查固定接线的绝缘胶木是否固定良好,无断裂、变形、变色、老化,否则应更换。

(4)检查接线应牢固,线缆无异常、变色、老化,否则应更换。

(5)安装螺栓紧固。对于松动的螺钉,用力矩扳手按规定值紧固。

(6)确认整体密封的弹性,用游标卡尺测量检查有无永久变形。变形量大于3mm或失去弹性者应更换。

(7)橡皮垫更换方法。

①拆下检查盖。

②从箱子框架上拆下橡皮垫。

③清洁框架上的橡皮垫固定面。

④安装新的橡皮垫,确保在橡皮垫和框架的固定面之间未出现间隙。

⑤重新安装检查盖。

3. 操作注意事项

1)操作注意事项

注意触电的危险。即使电源已经切断,但牵引传动系统主电路的直流放电回路仍然带有危险电压,因此,在电源关断5min以后才允许打开本设备。

2)检查性操作

在断电的情况下(断电5min后),打开接线盒及观察窗进行检查。

二、平波电抗器定修规程

平波电抗器的定修项目和技术要求如表3-3-1所示。

平波电抗器定修规程　　　　　　表3-3-1

序号	维修项目	维修内容	方法	工装工具材料	技术要求
1	线路平波电抗器箱	(1)清洁线路平波电抗器箱和进气滤网	目测检查清洁操作	粗毛刷,无纺布,吸尘器	电抗器箱内外和进气滤网干净清洁,无积尘
		(2)更换线路平波电抗器箱的风扇电机轴承	拆装操作更换操作	升降台,扳手,万用表,标准工具,轴承拆装工具	电机对壳体绝缘阻值不低于5MΩ,三相绕组电阻值偏差不超过10%,三相电流的偏差不超过平均值的10%,电机运转平稳无异声
2	冷却风机接线盒	清洁接线盒	清洁操作	吸尘器,无纺布	清洁,无灰尘
3	电抗器	绝缘测试	测试操作	兆欧表	绝缘电阻值不小于5MΩ

三、检修案例

平波电抗器的日检流程如表3-3-2所示。

平波电抗器日检流程　　　　　　　　　　表3-3-2

平波电抗器作业标准流程
   部位3　　　　　　　　部位2　　　　　　　　部位1 车侧检查

各部位检查标准如表3-3-3~表3-3-5所示。

1. 部位1检查标准

部位1检查标准　　　　　　　　　　表3-3-3

步骤	检查内容	检查方法	合　格　标　准
步骤一	箱体	目视	箱体、箱盖无损伤，漆面完好无划痕、无锈蚀

2. 部位2检查标准

部位2检查标准　　　　　　　　　　表3-3-4

步骤	检查内容	检查方法	合　格　标　准
步骤一	箱体	目视	箱体、箱盖无损伤，漆面完好无划痕、无锈蚀
步骤二	吊挂螺栓	目视、手动	螺栓紧固无松动、弛缓线无位移，安装吊梁无变形、无裂纹
步骤三	灭磁罩	目视、手动	灭磁罩安装良好，无晃动、裂纹

3. 部位3检查标准

部位3检查标准　　　　　　　　　　表3-3-5

 ←  步骤二　　　　　　　　　　　　　　　　　　步骤一

步骤	检查内容	检查方法	合　格　标　准
步骤一	箱体	目视	箱体、箱盖无损伤，漆面完好无划痕、无锈蚀
步骤二	箱体出线	目视、手动	线缆无破损、箱体出线良好

任务考核

学 习 工 作 单

实训项目　平波电抗器检修

　　班级：　　　　姓名：　　　　学号：　　　　时间：

一、知识总结
平波电抗器的作用及主要参数。

二、操作运用
1. 根据给出的平波电抗器的标准作业流程,进行牵引逆变器状况检查并填写检查结果。
2. 操作演示城市轨道交通车辆平波电抗器箱的车侧检修程序。

三、实训小结

_____
_____
_____

四、成绩评定

评价等级	表达能力	沟通能力	团队合作能力	实际操作能力	知识掌握能力
评价结果					

注：按照学生自评占 10%、组内互评占 10%、他组互评占 20%、教师评价 60% 比例计分,其中：A-100 分、B-85 分、C-75 分、D-60 分、E-50 分进行折算。

五、指导老师评语

　　指导老师签字：　　　　　　　日期：　　年　　月　　日

任务四　制动电阻箱检修

任务要求

1. 掌握制动电阻箱的作用、结构和工作原理。
2. 能够对制动电阻箱进行日常检查维护。
3. 熟悉检修操作规程要求的制动电阻箱的日检、月检和架修的操作程序。

任务准备

1. 场地准备：城市轨道交通车辆检修实训中心(配备多媒体)。
2. 材料：棉布、砂纸、棉纸、酒精(或吸钠水)、绑扎带。

知识导航

一、制动电阻概述

列车电制动时，牵引电动机与牵引逆变器将列车动能变为电能馈送电网，制动电阻用于消耗电网不能吸收的、多余的再生制动能量，确保再生制动的稳定进行，保持牵引供电电压能够在正常范围之内。

制动电阻采用强迫风冷或走行风冷，当列车进站时，关闭冷却风机，提高候车乘客的舒适度，同时节省能源。

二、制动电阻箱结构

制动电阻箱采用六角头螺栓吊挂在车体下。

制动电阻单元安装在不锈钢制成的构架内，通过三个横梁托装在车厢底架上。出风罩安装在构架后端给冷却制动电阻的压缩空气提供出口。冷却风机通过法兰连接在构架的前端，制动电阻的性能和风机的性能密切相关。风机通过风机网罩吸进空气，风机网罩阻止风机吸入别的物体。构架内的电阻由2个支路组成，每个部分由6个电阻单元构成。电阻单元通过不同的连接母排相互连接。电阻单元通过滚轮安装在构架的导轨里，导轨通过绝缘子安装在构架上，这样保证了电阻单元和构架的隔离。制动电阻上安装有风压保护装置和温度保护装置，可以保护制动电阻装置。温度保护装置和电阻单元连接在一起：温度保护装置的引出线抽头及平衡电阻板安装在最靠近出风口的单元上，此电阻单元是制动期间最热的电阻单元。强迫风冷式制动电阻外形图与分解图如图3-4-1、图3-4-2所示。

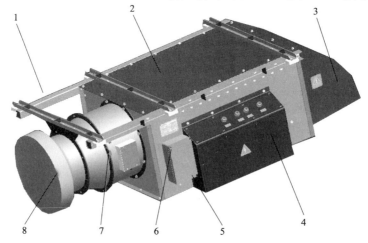

图3-4-1 制动电阻外形图

1-构架；2-顶板；3-出风罩；4-接线盒面板；5-电气接线盒；6-控制盒；7-风机接线盒；8-风机

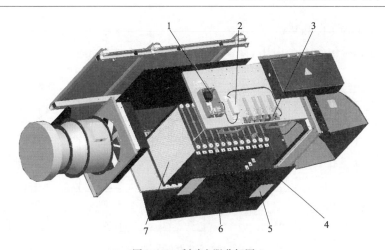

图 3-4-2 制动电阻分解图
1-风压保护装置;2-温度保护装置;3-连接母排;4-底板;5-观察板;6-滚轮;7-电阻单元

三、电阻制动工作方式

制动系统由电制动及空气制动系统组成,电制动包括再生制动和电阻制动。

在网压高于 DC 1800V(第三轨高于 DC 1000V)时,投入电阻制动防止网压继续升高。

采用电制动和空气制动联合的方式,以电制动优先,列车处于低速状态下,电制动力不足时,增加空气制动补足不足部分的制动力。

电制动时恒制动力:256.8kN。

电制动恒功范围:6~62km/h。

紧急制动采用空气制动,制动力由摩擦制动提供。

车辆停放时的制动力由弹簧力提供,压缩空气缓解。

四、参数

(1)电阻值。

额定电阻值(20℃):1R01,1R02 = 3Ω(-5%~+7%)

额定工况下最大阻值:1R01,1R02≤3.75Ω。

(2)工作电压。

工作电压:DC 1900V。

最大工作电压:DC 2000V。

(3)电阻带最高工作温度:≤640℃。

(4)负荷条件。

负荷条件:850kW 在 23s 内线性下降至 0。

工作制:断续制(23s ON,87s OFF,周期 110s)。

等效平均功率:2×100kW(两个电阻单元集成在一个箱体中)。

(5)冷却方式:强迫风冷。

(6)冷却系统。

制式:3AC380V±5%,50Hz。

电机功率:1.1kW(1.8kVA)。

每个总装电阻器包含4个电阻,如图3-4-3、图3-4-4所示。

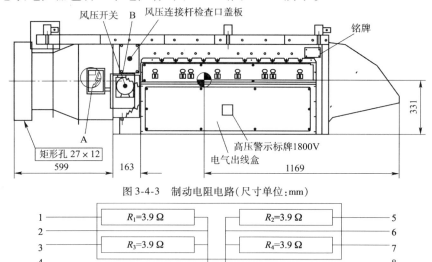

图 3-4-3　制动电阻电路(尺寸单位:mm)

图 3-4-4　制动电阻电路(尺寸单位:mm)

任务实施

一、走行风冷制动电阻箱的日常维护

走行风冷制动电阻的维护,应经常检查出风口及进风口有无异物,有条件的情况下检查电阻上有无异物,并用真空吸尘器清洁。走行风冷制动电阻箱外形如图3-4-5所示。

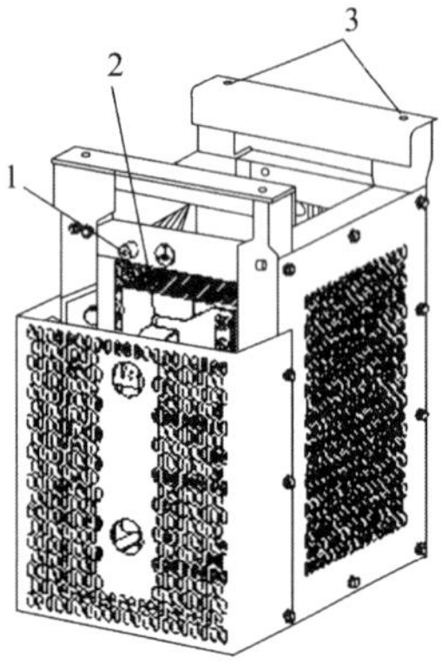

图 3-4-5　走行风冷制动电阻箱
1-接地螺柱;2-母线接线端子;
3-安装孔

1. 制动电阻箱月修规程

(1)内外清洁无异状,安装牢固。

(2)构架无变形、伤痕、裂纹、锈蚀。

(3)罩板无永久弹性变形、伤痕、锈蚀。

(4)电阻带无变形、破损、锈蚀。若片间距离低于4mm,则需更换电阻带。

(5)绝缘体无变形、损伤、裂纹。

(6)电阻值应符合要求。OVRe(20℃)=0.455Ω,超过额定阻值允差5%~7%时需更换电阻带。

(7)端子螺栓紧固,无变形、腐蚀、熔损、变色、裂纹,线缆无老化、破损。

(8)绝缘电阻值应符合要求。用2.5kV兆欧表测量电阻元件与构架之间的绝缘电阻值不小于10MΩ。

2. 检修工艺流程

(1)检查箱体内外清洁无异状,安装牢固。

(2)检查构架无变形、伤痕、裂纹、锈蚀。

(3）检查罩板无永久弹性变形、伤痕、锈蚀。
(4）电阻带无变形、破损、锈蚀。若片间距离低于4mm，则需更换电阻带。

更换方法：

①从母线接线端子上断开主电路电缆。
②从接地螺柱上断开接地电缆端子。
③将车体电缆重新安装到母线接线端子。
④将接地电缆重新安装到接地端子。
⑤检查绝缘体无变形、损伤、裂纹。
⑥电阻值应符合要求。OVRe(20℃)=0.455Ω，超过额定阻值允差-5%~+7%时需更换电阻带。
⑦检查端子螺栓紧固，无变形、腐蚀、熔损、变色、裂纹，线缆无老化、破损。
⑧绝缘电阻值应符合要求。用2.5kV兆欧表测量电阻元件与构架之间的绝缘电阻值不小于10MΩ。

3．操作注意事项

(1）检查维护前必须遵守如下5条安全措施：

①切断电源。
②确保不再被合闸。
③检查电器设备，确保无电。
④接地短路。
⑤防止活动物体接近。

(2）必须遵守有关规定，防止列车意外移动。
(3）在开始任何工作前，切断牵引逆变器的供电开关以隔离制动电阻，并确保制动电阻温度降到环境温度。
(4）在制动电阻的风机上开始任何工作前，切断辅助逆变器的供电。
(5）在温度保护装置及风压开关上开始任何工作前，断开牵引逆变器的供电。

二、强迫风冷制动电阻箱架修规程

制动电阻箱架修规程如表3-4-1所示。

制动电阻箱架修规程　　　　　　表3-4-1

序号	维修项目	维修内容	方法	工装工具材料	技术要求	备注
1	制动电阻箱	(1）清洁制动电阻箱和进气滤网	目测检查清洁操作	粗毛刷，无纺布，吸尘器	进气滤网清洁，制动电阻箱内外干净清洁，无积尘	—
		(2）更换制动电阻箱的风扇电机轴承	更换操作	升降台，扳手，万用表，标准工具，轴承拆装工具	电机对壳体绝缘阻值不低于5MΩ，三相绕组电阻值偏差不超过10%，三相电流的偏差不超过平均值的10%，电机运转平稳无异声	—

续上表

序号	维修项目	维修内容	方法	工装工具材料	技术要求	备注
1	制动电阻箱	（3）清洁制动电阻箱内元件	目测检查清洁操作	吸尘器,无纺布	干净清洁,无积尘,绝缘材料干净清洁	—
		（4）检查箱盖密封条	检查操作	—	无破损,无老化	有问题则更换
2	制动电阻	测量制动电阻阻值	测量操作	电桥	在20℃时,电阻值为 $1.143\Omega \pm 2\%$	—
3	冷却风机接线盒	清洁接线盒	清洁操作	吸尘器,无纺布	清洁,无灰尘	—

三、检修案例

制动电阻箱的日检流程如表3-4-2所示。

表3-4-2 制动电阻箱检查作业流程

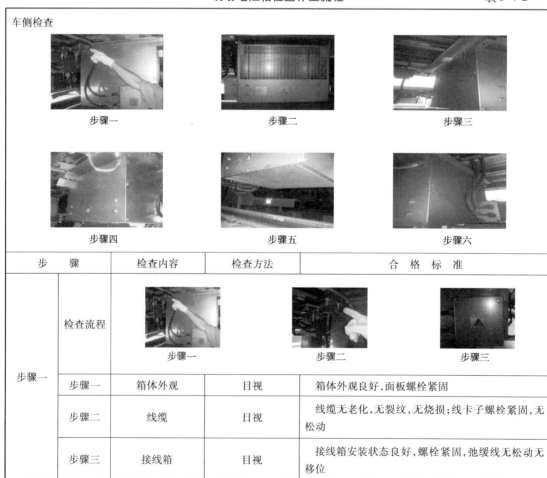

步骤	检查内容	检查方法	合格标准
步骤一 检查流程 步骤一 / 步骤二 / 步骤三			
步骤一	箱体外观	目视	箱体外观良好,面板螺栓紧固
步骤二	线缆	目视	线缆无老化,无裂纹,无烧损;线卡子螺栓紧固,无松动
步骤三	接线箱	目视	接线箱安装状态良好,螺栓紧固,弛缓线无松动无移位

续上表

步骤		检查内容	检查方法	合格标准
步骤二	检查流程	步骤一　步骤二　步骤三　步骤四		
	步骤一	箱体外观	目视	箱体外观良好,面板螺栓紧固,弛缓线无移位
	步骤二	箱体吊挂	目视	箱体吊挂螺栓紧固,弛缓线无移位;金属网清洁,无破损,无污物
	步骤三	电阻片	目视	电阻片无严重变形,箱内无异物
	步骤四	电阻箱内	目视	电阻箱内(左下角)接线螺栓紧固,弛缓线无松动;线缆无烧损老化现象
步骤三	检查流程	步骤一　步骤二		
	步骤一	箱体外观	目视	箱体外观良好,面板螺栓紧固,弛缓线无移位
	步骤二	隔热护板	目视	隔热护板安装状态良好
步骤四	检查流程	步骤一　步骤二		
	步骤一	箱体外观	目视	箱体外观良好,面板螺栓紧固,弛缓线无移位
	步骤二	接地线	目视	接地线安装牢固,弛缓线无移位
步骤五	检查流程	步骤一　步骤二		
	步骤一	金属网	目视	金属网清洁,无破损,无污物
	步骤二	电阻箱内	目视	电阻箱内绝缘瓷瓶无裂损,电阻片无严重变形,箱内无异物
步骤六	检查流程	步骤一　步骤二		
	步骤一	箱体外观	目视	箱体外观良好,面板螺栓紧固
	步骤二	线缆	目视	线缆无老化,无裂纹,无烧损;箱体出现处防水处理状态良好

任务考核

学习工作单

实训项目　制动电阻箱检修

班级：　　　姓名：　　　学号：　　　时间：

一、知识总结
制动电阻箱的作用及主要参数。

二、操作运用
1. 根据给出的制动电阻箱的标准作业流程，进行制动电阻箱状况检查并填写检查结果。

检查内容	检查标准	检查手段	检查结果
箱体外观	箱体外观良好，面板螺栓紧固，弛缓线无移位	目视	
线缆	线缆无老化，无裂纹，无烧损；线卡子螺栓紧固，无松动	目视	
接线箱	接线箱安装状态良好，螺栓紧固，弛缓线无松动移位	目视	
箱体吊挂	箱体吊挂螺栓紧固，弛缓线无移位；金属网清洁，无破损，无污物	目视	
电阻片	电阻片无严重变形，箱内无异物	目视	
电阻箱内	电阻箱内（左下角）接线螺栓紧固，弛缓线无松动，线缆无烧损无老化现象	目视	
隔热护板	隔热护板安装状态良好	目视	
接地线	接地线安装牢固，弛缓线无移位	目视	
金属网	金属网清洁，无破损，无污物	目视	
电阻箱内	电阻箱内绝缘瓷瓶无裂损，电阻片无严重变形，箱内无异物	目视	

2. 操作演示城市轨道交通车辆制动电阻箱的车侧检修程序。

三、实训小结

四、成绩评定

评价等级	表达能力	沟通能力	团队合作能力	实际操作能力	知识掌握能力
评价结果					

注：按照学生自评占10%、组内互评占10%、他组互评占20%、教师评价60%比例计分，其中：A – 100 分、B – 85 分、C – 75 分、D – 60 分、E – 50 分进行折算。

五、指导老师评语

指导老师签字： 日期： 年 月 日

任务五 牵引电动机检修

任务要求

1. 掌握牵引电动机的结构、作用及检修要求。
2. 熟悉牵引电动机的各级检修程序。
3. 会对牵引电动机的主要部件进行拆卸安装和调试。

任务准备

1. 场地准备：城轨车辆实训室，多媒体教学。
2. 工具准备：压缩空气气源、电动机吹扫间、电动机转子支架、电动机清洗机、电动机真空远红外干燥箱、交流(直流)电动机耐压试验台、电动机转子动平衡试验机、电动机空载试验台、电动机负载反馈试验台、低电阻测量仪、红外线测温仪、兆欧表、轴承拆卸工具、电动机转子专用吊具、电(风)动扳手等。
3. 物品准备：润滑脂、D05RTV 室温硫化硅橡胶、压缩空气(300～500kPa)、煤油、棉布、中性清洗剂、酒精、发泡塑料、塑料布、透明胶带、绝缘漆、无纺棉纸、绸布、401 胶、脱漆剂、灰色漆等。
4. 建议课时：6 课时。

知识导航

一、交流牵引电动机结构

凡用于铁路机车车辆或地铁车辆带动列车运行的电机通常称为牵引电动机。牵引电动机有许多类型，目前城市轨道交通车辆应用最广泛的牵引电动机是交流异步牵引电动机。

交流异步牵引电动机主要由三部分组成：固定部分称为定子，旋转部分称为转子，定子和转子之间的间隙称为气隙。

1. 定子的组成

定子由铁芯(电工硅钢片叠成)、定子绕组和机座组成。定子铁芯内缘有许多形状相同的槽,用于嵌放定子绕组,机座用于固定和支撑定子铁芯,要求有足够的机械强度和刚度。定子外部固定有端盖。

图 3-5-1 牵引电动机转子

2. 转子的组成

转子由转子铁芯(硅钢片叠成)、转子绕组和转轴组成。转子铁芯安装在转轴上,表面开有槽,用于放置或浇筑转子绕组。在转子的一端安装有风扇,用于转子高速转动时的降温散热。如图 3-5-1 所示。

3. 气隙

气隙大小对异步电动机性能有很大的影响。气隙大,则磁阻大,励磁电流(滞后的无功电流)大,功率因数降低;气隙过小,则装配困难,运行不可靠,高次谐波磁场增强,从而使附加损耗增加,起动性能变差。

如图 3-5-2 所示为 3 相 4 极交流异步牵引电动机,在车辆上横向安装,D 端为输出端。

此自通风型电机的冷却由安装在 N 端的内部风扇完成。进气口位于 D 端前部、进气口盖(3)的上部;出气口网罩(5)位于 N 端。

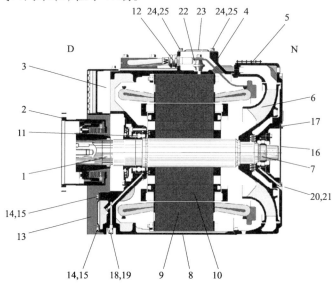

图 3-5-2 牵引电动机结构

1-轴;2-电机侧半联轴器;3-进气口盖;4-接线盒;5-出气口网罩;6-轴承保护罩;7-圆柱滚子轴承(N 端);8-定子外壳;9-定子;10-转子;11-深沟球轴承(D 端);12-电缆密封接头(10N·m);13-盖板;14-六角头螺钉(8N·m);15-张力垫圈;16-盖板;17-六角头螺钉(8N·m);18-油脂喷嘴盖;19-锥形油脂喷嘴;20-油脂喷嘴盖;21-锥形油脂喷嘴;22-连接线;23-接线盒盖;24-六角头螺钉(8N·m);25-张力垫圈

定子结构是由绝缘薄钢片叠层组成的定子(9)铁芯总成通过热套方法安装在定子外壳内,从而形成了一个固定的定子单元。

定子铁芯总成和定子外壳内有轴向通风风道。定子绕组被嵌入定子铁芯总成的槽内。槽上有盖子进行密封。线圈的绕组端部、定子线圈接头和接线条用铜焊连接。接线盒(4)铸造在定子外壳上,上面用接线盒盖盖住。连接线通过电缆接线片和接线条用螺栓连接在绝缘子上,并穿过电缆密封接头(12)通向外部。它们被固定在定子外壳的接线条上。带有绕组的定子铁芯总成采用真空浸漆。

转子结构是一个由绝缘薄钢片叠层组成的铁芯总成热套在高强度热处理钢材制成的转子轴上,左右侧均装有止推环。转子(10)内有轴向通风风道。

转子铜条镶嵌于铁心总成的槽内。这些转子铜条和 D 端、N 端的铜焊短路环一同构成了转子绕组。用于电机冷却的内部风扇安装在轴的 N 端。内部风扇(N 端)和转子压环(D 端)上都有一个圆周槽,用于安装平衡块,用这些平衡块可对转子进行动态平衡的调整。转子由 D 端深沟球轴承(11)和 N 端圆柱滚子轴承(7)支撑。轴承采用油脂润滑,并配备了重新润滑装置。使用过的油脂存放在尺寸足够大的空间内。轴承盒采用无接触迷宫密封环密封。轴承可通过锥形油脂喷嘴(19)和(21)进行重新润滑。

二、交流牵引电动机工作原理

受电弓从接触网上取得直流 1500V 的电流,经过列车牵引逆变器转换成三相交流电,输送给交流牵引电动机(三相异步电动机)定子上空间位置相差 120°的三相绕组,使定子三相绕组中有对称的三相电流流过,从而在气隙中产生旋转磁场。转子绕组在这个旋转磁场中感应出电动势,转子的感应电动势在自我闭合回路的转子绕组中产生电流。转子电流与旋转磁场相互作用产生电磁力,形成使转子旋转的电磁转矩,转轴通过联轴器和齿轮箱将矩传送给车辆转向架的车轴,带动车轮滚动,驱动列车运行。

三、技术数据

1. 电机机械数据

(1) 自通风:$0.34 m^3/s$ (1800r/min)。

(2) 转子直径:307mm。

(3) 定子内孔直径:310mm。

(4) 铁心总成长度:180mm。

(5) 气隙:1.5mm。

2. 电机电气数据

(1) 标称电压:1050V。

(2) 额定电流:133A。

(3) 额定输出:190kW。

(4) 额定转速:1800r/min。

(5) 功率因子:0.85。

(6) 额定频率:61Hz。

(7) 标称绝缘电压:1500V。

(8) 最大电压:1403V。

(9) 最大电流:283A。

(10) 最大转速:3642r/min。

(11)接线形式:Y。
(12)电源导线:每相 $1×25mm^2$。
(13)适用标准:IEC 60349-2。

3. 电机重量

(1)电机总成:525kg。
(2)转子:170kg。
(3)定子:300kg。

 任务实施

一、交流牵引电动机维护

1. 检查进气口和出气口区域(图3-5-2)

(1)目测检查进气口盖和出气口网罩上是否有灰尘沉积。
(2)清除进气口盖和出气口网罩上较大的杂物(树叶、纸片等)。
(3)目测检查进气口盖和出气口网罩是否有机械损坏。

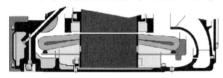

图3-5-3 牵引电动机排水孔

(4)按《使用维护说明书》中的相关要求修补损坏的油漆。

2. 检查牵引电动机内是否有冷凝水

排水孔位置如图3-5-3所示。

(1)检查是否有冷凝水形成。
(2)清洁外壳和轴承保护罩(N端)上的两个排水孔。

3. 重新润滑轴承

重新润滑轴承时,轴承的温度须超过10℃,润滑完成后,列车也必须以低速运行数公里。

二、交流牵引电动机检修

由于交流牵引电动机通常采用笼型异步电动机,故在此介绍异步牵引电动机的检修。笼型异步电动机基本可以达到免维护的要求,所以仅在大修时作解体检修。

1. 电动机的主要检修内容

1)吹扫

在分解前,应用高压空气对牵引电动机外表面进行吹扫,吹扫应在带有吸尘装置的专用吹扫间内进行。

2)分解

用工具拆下电动机端盖螺钉,抽出转子。

3)清洗

对电动机内部进行吹扫、清洗、擦拭。

4)检查检修

(1)检查电动机转子、定子和绕组有无烧灼、碰擦痕迹。对于有擦伤情况的,应检查轴承或轴承安装室是否有问题,轴承安装室一般位于电动机的端盖上,检修时应测轴承安装室的直径,对于有磨损的安装室可采用喷涂的方法修复,对于磨损严重的,应更换端盖;对于有烧灼情况的,应测量阻值是否符合规定并检查匝间有无短路现象,如有应更换绕组。

(2)检查轴承状态是否良好,并根据轴承使用寿命对其进行更换油脂或更换轴承。

5)测量

(1)测量三相绕组的阻值是否一致,检测绕组状态是否正常。

(2)测试绕组对地绝缘电阻,检测绕组是否对地击穿。

6)组装

按规定的顺序组装定子、转子和端盖。

7)试验

(1)温升测试,应按照有关的技术要求检测电动机各部发热是否正常。

(2)热态复测绕组对地绝缘,检测绝缘是否因发热而损伤。

(3)测试并记录电动机的特性曲线。检查电动机的运行情况。

(4)振动测试。

(5)超速试验,检查电动机装配等是否完好。

(6)交流耐压测试,检查电动机各绕组及刷架等是否对地击穿或爬电。

(7)如有负载试验台,还应进行堵转试验。

2. 主要部位的检查测试

1)绕组线圈的检修

(1)使用干燥的压缩空气吹扫绕组线圈与连接线以及线圈与线框之间的缝隙里的灰尘。如有污垢可用棉纱擦拭,不得使用可能伤及金属或镀层表面的器具。

(2)检查绕组线圈和连接线有无损伤,引线的接点有无损伤。

(3)测定绝缘电阻。测定并记录接线端子与线框等接地之间的绝缘电阻。

(4)绕组线圈、连接线等表面镀层出现剥落时,应使用绝缘涂料进行修补。

2)铁芯的检修

(1)铁芯底面、顶面的涂装出现剥落时,应进行涂装修补。

(2)铁芯底面不应有变形或者与异物的接触损伤。

(3)铁芯顶面不应有积水或锈蚀。积水应擦干,锈蚀处应用砂纸等除锈后进行绝缘涂装修补。

3)引线的检查

(1)引线与线圈的连接部不应有绝缘剥落、污垢或损伤等异常。

(2)引线的外皮不应有龟裂或老化。

(3)接线端子表面不应有污垢或损伤,如有污垢应擦拭干净。端子绝缘台不应有裂纹或缺损。

三、牵引电动机检修案例

牵引电动机架修内容及技术要求如表3-5-1所示。

牵引电动机架修内容及技术要求　　　　表3-5-1

维修项目	维修内容	方法	工装工具材料	技术要求	备注
牵引电动机	(1)清洁牵引电动机外观	清洁操作	软毛刷,无纺布,吸尘器,压缩空气,扭力扳手,螺丝刀	润滑油嘴无损坏,无缺失;各零部件和其紧固件无损坏,无缺失;电动机和空气滤网清洁无积尘	
	(2)润滑牵引电动机轴承	润滑操作	润滑油嘴适配器,注润滑油油枪	电动机的驱动端注油30g,非驱动端注油25g	
	(3)测量绝缘电阻	测量操作	兆欧表	绝缘电阻值大于5MΩ	如低于5MΩ,则进行烘干
	(4)牵引电动机主要紧固件复扭	检查操作	扭力扳手	各部位紧固件按规定力矩拧紧	
	(5)测量牵引电动机速度传感器间隙	测量操作	塞尺	间隙满足0.4~1.4mm	
	(6)电动机空载运转试验	试验操作	电源	运转无异声	

四、牵引电动机检修小提示

(1)维修时要求电机处于无电状态,电缆固定妥当,防止挤伤、压伤。
(2)零件要妥善处理,防止损伤和锈蚀。
(3)拆卸装置或部件时,应放在平坦、无灰尘、无潮气之处。
(4)严格遵循作业顺序,否则会造成零件损坏。
(5)作业时,请正确遵守必须保证的作业条件(例如温度、压力、润滑油型号及数量等)。

任务考核

学习工作单

实训项目　牵引电动机结构认识与检修

班级:　　　　姓名:　　　　学号:　　　　时间:

一、知识总结

1.牵引电动机在城市轨道交通车辆上有什么作用?

2.写出交流牵引电动机的结构。

二、操作运用

1. 根据给出的牵引电动机检修程序,进行技术状况检查并填写作业标准和检查结果。

维修内容	方法	工装工具材料	技术要求（作业标准）	检查结果
1. 清洁牵引电动机外观	清洁操作	软毛刷,无纺布,吸尘器,压缩空气,扭力扳手,螺丝刀		
2. 润滑牵引电动机轴承	润滑操作	润滑油嘴适配器,注润滑油油枪,MOBILITH SHC 220 润滑油脂		
3. 测量绝缘电阻	测量操作	兆欧表		
4. 牵引电动机主要紧固件复扭	检查操作	扭力扳手		
5. 测量牵引电动机速度传感器间隙	测量操作	塞尺		

2. 操作演示城市轨道交通车辆牵引电动机架修作业(在轨道交通实训室牵引电动机实物实操区域中操作演示)。

三、实训小结

_____
_____
_____

四、成绩评定

评价等级	表达能力	沟通能力	团队合作能力	实际操作能力	知识掌握能力
评价结果					

注:按照学生自评占10%、组内互评占10%、他组互评占20%、教师评价60%比例计分,其中:A-100分、B-85分、C-75分、D-60分、E-50分进行折算。

五、指导老师评语

指导老师签字: 　　　　日期: 　年　月　日

任务六　接地装置检修

任务要求

1. 掌握接地装置的作用和工作原理。
2. 能够对接地装置进行日常检查维护。
3. 熟悉检修操作规程要求的接地装置的日检和月检的操作程序。

任务准备

1. 场地准备:城市轨道交通车辆检修实训中心(配备多媒体)。

2.设备及工具:力矩扳手、接地碳刷。
3.材料:棉布、酒精、专用衬垫。
4.建议课时:2课时。

知识导航

一、接地装置作用

接地装置的功能是作为列车的"负极",将列车几百安培的牵引电流接至轮对、钢轨,最终回流至地面牵引供电装置负极,准确地讲应该称之为回流装置。接地装置接触不良或断开,接触电阻偏高的故障都将会严重影响列车安全及运行。地铁车辆底架、车顶上的众多设备工作电压多为1500V、380V。如果电源线与这些电气设备箱体之间的绝缘被损坏,箱体外壳和地之间就有较高的电位差,当人触及箱体时,则会导致较大的电流流过人体,给人身造成伤害,所以必须通过接地来消除这种危险。城市轨道交通车辆的接地装置通常安装在转向架轴端或牵引电动机齿轮箱的轮轴处,每个转向架至少一个接地装置。

如图3-6-1所示,A车辅助逆变器的DC 1500V的回流和B车牵引逆变器的DC 1500V的回流均在B车通过绝缘电缆流向轴端接地刷,再到钢轨;C车的DC 1500V的回流流到自身接地刷,再至钢轨。整个地铁车辆的DC 1500V电路通过钢轨进行负极回流。回流线是截面积95 mm² 带护套的绝缘电缆,由镀锡铜丝绞合而成,导电性好。

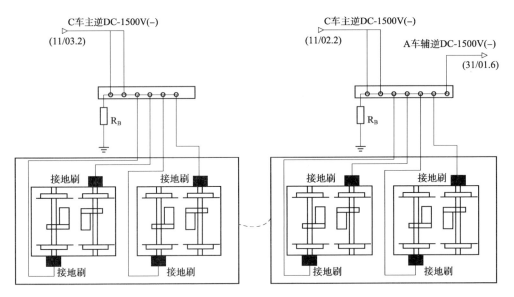

图3-6-1 接地装置的安装位置及接线

二、接地装置结构

刷架通过绝缘环绝缘,并用螺钉拧紧在轴承座上。绝缘环的中心与轴承座相接触,碳滑块在刷架内并通过导线与机架相连接,此连接通过端盖关闭。轴端安装的接地装置安装图如图3-6-2所示。

项目三 城市轨道交通车辆牵引系统设备检修

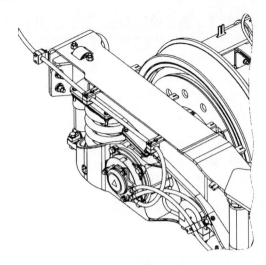

图 3-6-2 接地装置安装图

轴端安装接地装置的结构图如图 3-6-3 所示。

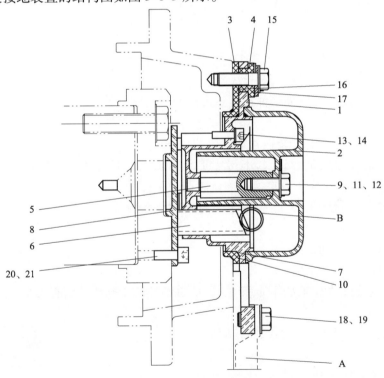

图 3-6-3 接地装置结构图

1-刷握架外壳;2-盖板和压力单元;3-隔离支架;4-隔离垫圈;5-垫片;6-接地刷;7-O 形环;8-接触盘;9-有耳垫圈;10-O 形环;11-螺钉;12-弹簧垫圈;13-螺钉;14-垫圈;15-螺钉;16-垫圈;17-大号平垫圈;18-螺钉;19-弹簧垫圈;20-螺钉;21-弹簧垫圈;A-接地电缆;B-弹簧

三、接地装置维护

接地装置维护工作主要是定期检查碳滑块的磨耗情况,各线缆是否连接可靠,相关导电接触面是否接触良好。由于接地装置安装在轴端或者车轴上,直接受到来自钢轨的冲击以及道床异物的击打,维护过程中应注意检查各机械零件安装及紧固是否良好,及时更换受损零件。

任务实施

一、接地装置检修任务

(1)紧固件及各部件无异状,安装状态良好。
(2)各线缆无绝缘失效、外观损坏现象,接触良好无松动。
(3)碳刷无裂损、无变色,与铜环接触面良好。
(4)碳刷活动自由、无卡滞,接触压力合适。如碳刷磨损到限,需更换;铜编织线状态良好,断股率小于10%。
(5)弹簧无裂纹、缺损、变形。
(6)压指无裂纹、变形,安装状态良好。

二、接地装置检修工艺及流程

1. 整体
(1)将接地装置整体由驱动装置上拆下,检查各部分应无裂纹、变形。
(2)检查各部安装状态良好,螺栓无损伤、变形。
(3)用干棉布擦拭各部,如果油污过重可用酒精清洗后擦干。

2. 接地碳刷
(1)碳刷无裂损、变色,有裂损者则更换。
(2)碳刷磨耗限度线是否到限,不得小于30mm,磨耗接近限度线时应确认其是否能使用到下一检查周期,否则应予以更换。确认碳刷长度并记录。
(3)碳刷接触面接触状态,碳刷接触面与轴滑环接触面积不小于40%。碳刷接触压力合适,磨损未到限。
(4)检查碳刷应活动自由、无卡滞。

3. 接地铜环
检查接地铜环滑动面有无磨损、变色,确认滑动环的碳刷滑动面有无生锈及异常磨耗。

4. 接地板
目视检查表面有无灼伤、裂纹,螺栓紧固。

5. 弹簧
目视检查弹簧有无裂纹、缺损、变形。

6. 其他
(1)碳刷支架、固定板清洁,无异常。
(2)检查清扫渡板、导电板、连接板等,应清洁,无变形。
(3)接地装置盖板衬垫(绝缘垫)换新,作用良好,螺栓按力矩要求紧固。
(4)接地引线、均压引出线无老化、龟裂,端子无变形、烧灼,清洁无污垢。
(5)衬垫表面无裂纹。

三、检修案例(见表 1-6-1)

接地装置日检流程　　　　　　　　　　　　　　　　表 1-6-1

轴端接地除尘		
 1	 2	
步骤	检查内容	检查方法	合格标准
1	端盖	擦拭	清洁,无异物
2	电刷盒	擦拭	清洁,无异物

任务考核

学习工作单

实训项目	接地装置检修			
班级:	姓名:	学号:	时间:	

一、知识总结

1. 接地装置的作用。

2. 接地装置的检修工艺。

二、实训小结

_____
_____
_____

三、成绩评定

评价等级	表达能力	沟通能力	团队合作能力	实际操作能力	知识掌握能力
评价结果					

注:按照学生自评占 10%、组内互评占 10%、他组互评占 20%、教师评价 60% 比例计分,其中:A - 100 分、B - 85 分、C - 75 分、D - 60 分、E - 50 分进行折算。

四、指导老师评语

指导老师签字:　　　　　　　　　日期:　　年　　月　　日

项目四 城市轨道交通车辆辅助供电系统电气设备检修

一、辅助供电系统组成与功能

1. 辅助供电系统概要

辅助供电系统通过受电装置从接触网/三轨获得 DC 1500V 高压电,辅助供电系统电路示例如图 4-0-1 所示。

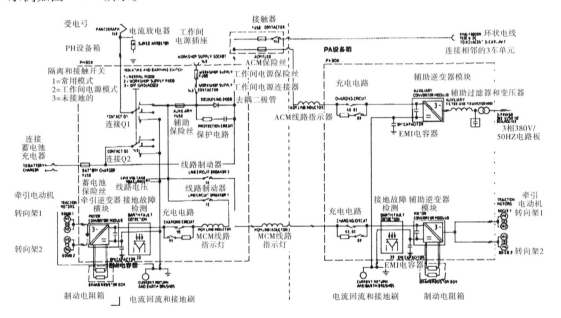

图 4-0-1 辅助供电系统电路图

(1)辅助供电系统通过受电装置从接触网/三轨取得 DC 1500V 电压。

(2)通过充电机熔断器 BCM 向充电机提供 DC 1500V 电压。

(3)通过辅助熔断器、线路电抗器向辅助逆变器 ACM 提供 DC 1500V 电压。

(4)通过环路馈电熔断器和环路馈电接触器向另一单元车的辅助供电系统提供 DC 1500V 电压。

2. 辅助供电系统设备组成

以常见的 6 编列车为例,辅助供电系统以 3 节车单元为完整的供电系统,6 节车单元是由 2 组 3 节车单元组成的,主要由以下设备组成:

(1)辅助逆变器(2 个),包括充电电路、ACM 模块、风扇控制单元、三相变压器、三相电抗器和三相电容器。

(2)蓄电池充电机(2个)。
(3)蓄电池(2个)。
(4)ACM线路电抗器(2个)。
(5)其他控制电器,包括充电机熔断器(BCM)、辅助供电系统熔断器、环路馈电线路熔断器、三相断路器、单相断路器、接触器等。

3.辅助供电系统基本功能介绍

辅助供电系统是地铁或轻轨车辆上一个必不可少的关键的电气部分,它主要包括辅助交流供电、直流控制供电和车间电源三部分。

1)辅助交流供电

辅助供电系统是向列车提供交流380V和低压110V的供电系统,系统主要包括:
(1)辅助逆变器:将直流DC 1500V逆变成三相交流380V/50Hz。
(2)辅助电路环路馈电列车线。
(3)蓄电池充电机:将直流DC 1500V转换成110V直流电源。
(4)蓄电池。
(5)所有控制器、断路器、接触器、电容器、电抗器、电阻器和其他电气、机械装置和附件,包括这些设备的机箱。

辅助供电系统目前有日韩的集中供电方式及欧洲西门子及庞巴迪等的分散供电方式。

对于集中式辅助供电,全列车配置两套辅助变流器,一般安装在拖车上。全列车的AC 380V干线有两种故障供电方式:扩展供电和交叉供电。

扩展供电的AC 380V干线在正常供电时不贯通全列车,每套辅助变流器各负责一个单元内的AC 380V供电,有当一套设备故障时,另一套正常运行的辅助变流器通过扩展供电装置为全列车提供AC 380V供电,此时AC 380干线贯通全列车,且全列车的空调系统转为半功率运转。

交叉供电则是有两路贯通全列的AC 380V干线,两套辅助变流器单独负责一路供电,每辆车的空调负载各有一半分别连接至两路AC 380V干线。出现单台辅助变流器故障时,全列车的空调系统转为半功率运转。交叉供电的线路较为复杂,使用较少。

以上两种供电方式适用于两个车辆单元的4编或6编城轨列车,如果列车配置有三套辅助变流器时,线路以及故障供电的控制方式将变得复杂。伴随辅助供电技术的发展,现在逐渐采用并网供电方式,即两套辅助变流器并联接至AC 380列车干线,共同向全列AC 380负载供电。此种方式简化了线路、接触器等电路元器件。

分散式的辅助供电系统,为全列车的每辆车都带有辅助供电装置,三相电源采用相邻车辆交叉供电的方式,一旦某台供电装置故障,其与相邻车辆的空调系统转为半功率运转。

广州地铁2/8线车辆及杭州地铁1号线车辆,采用西门子的分散并网6台辅助逆变器供电方式,提高了系统的可靠性,即使其中一台辅助逆变器出现故障,也能保证车厢内空调系统的正常运转。

每辆Tc车设两台辅助逆变器(其中一台辅助逆变器带充电机,另一台辅助逆变器不带充电机)。每台辅助逆变器有一组三相三线输出,全车4台辅助逆变器三相输出并联,构成一路AC 380V列车母线,通过并网供电的方式给全车的交流负载提供AC 380V/50Hz的电源。每辆车设置一个 AC 380/220V 50Hz 变压器(输出容量为3kW),提供 AC 220V 电源输出。

AC 380V 主要用于空压机、空调、牵引设备的通风,AC 220V 用于客室 LCD,方便插座和加热设备。

高压 DC 1500V 配电线路如图 4-0-2 所示。

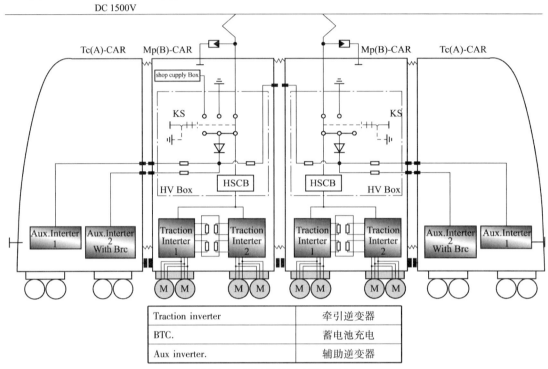

图 4-0-2 DC 1500V 主回路线路图

AC 380V 由每台辅助逆变器输出一组三相三线,全车 4 台辅助逆变器三相输出并联,构成一路 AC 380V 列车母线,通过并网供电的方式提供输出电源。

AC 380/220V 配电线路如图 4-0-3 所示。

2)直流控制供电

DC 110V 负载分为正常(非关键)和紧急(关键)负载,正常负载与紧急负载如表 4-0-1 所示列。

正常负载与紧急负载　　　　表 4-0-1

正常负载(非关键)	紧急负载(关键)
正常照明	紧急照明
乘客信息显示系统	头灯和尾灯
雨刷	紧急通风
ATC / TCC	通信
防滑	车载无线电台
列车控制	门控
TCC 有关单元	

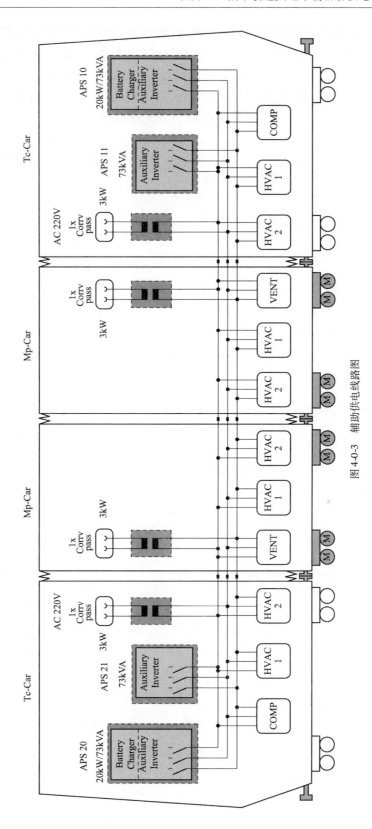

图 4-0-3 辅助供电线路图

充电机(集成在其中一个辅助逆变器内部)或蓄电池输出 DC 110V。敷设三条正母线和一条负母线。三条正母线分别为：一条贯穿全列的列车正常供电母线,一条贯穿全列的列车紧急供电母线,一条永久供电母线。永久供电母线为休眠模式下的负载供电,主要为本车的列车联挂控制和列车唤醒控制低压检测继电器、蓄电池电压表；其他两条母线给其他 DC 110V 负载供电。在休眠模式下,充电机不向 DC 110V 母线供电。

一台充电机只给一个蓄电池组供电,每组蓄电池能够手动和充电机分离。在唤醒模式下,当充电机不工作时,蓄电池能给紧急负载供电 45min。当两组蓄电池电压均低于 84V 时,蓄电池和负载断开,列车延迟 30s 进入休眠。

蓄电池配置在每辆 Tc 车上。

低压 DC 110V 配电线路如图 4-0-4 所示。

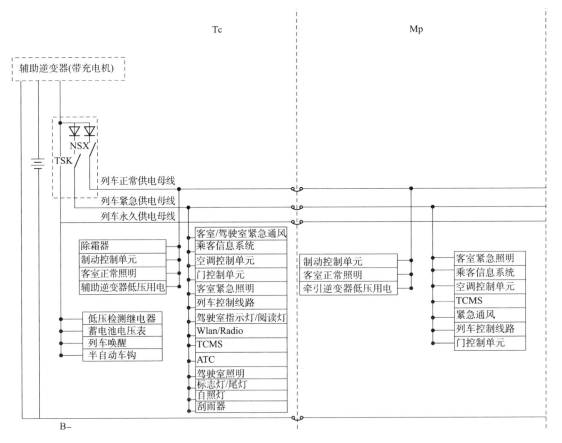

图 4-0-4　DC 110V 配电线路

3）车间电源

在充电机不工作,需要长时间接通 DC 110V 电源供给车辆使用时,可通过外接库内 DC 110V 可移动电源获得。

(1)库内 DC 110V 可移动电源电气特性。

额定输出电压：DC 110V ± 2%。

输出电压范围：DC 77 ~ 132V。

额定容量：约17kW。

(2)操作说明。

先将蓄电池隔离开关均置于隔离位,然后断开准备使用的库内DC 110V可移动电源,以确保该库内DC 110V可移动电源无电压输出,由专业操作人员将正极连接至Tc车低压箱内的汇流排,负极连接至Tc车低压箱内的汇流排,连接完成后,需确认无任何人员在进行列车的任何操作,然后再接通库内DC 110V可移动电源。

二、辅助供电系统供电模式

1．正常供电模式

1)辅助电源正常工作模式启动条件

(1)当母线高压有电和司机控制器未锁上或者高压母线在司机控制器锁上后一直保持有电状态。

(2)辅助设备特别是辅助逆变器和蓄电池充电器没有故障。

在正常工作模式下所有的AC和DC负载都得到供电。这种模式在3车单元和6辆编组列车中都可正常工作。

2)三车单元的供电模式

(1)为了3车单元维修方便,3车单元中所有的AC负载可以由本单元的辅助逆变器供电。

(2)在C车上装有一个交叉接触器,它将第一辅助用电系统同第二辅助用电系统相连。

(3)通过半自动车钩的辅助触点,列车回路以及交叉接触器就形成了一个联锁电路,它可以确保把两个AC 380V用电系统连接在一起(只能在3车单元中实现)。

(4)两个3车单元要联挂在一起组成一组可正常运转的车(6辆编组单元)时,这种交叉连接自动断开。

2．降级供电模式

1)降级的辅助供电模式只可以在6车单元中使用

此模式在满足以下条件时启动：

(1)当母线高压有电和司机控制器未锁上或者高压母线在司机控制器锁上后一直保持有电状态。

(2)辅助设备故障。

2)蓄电池充电机故障

(1)如果一个蓄电池充电机故障,将由另外一个蓄电池充电机给全部6车供电而无时间限制。充电机故障所在车的蓄电池不会放电,连接DC110V列车线的二极管起阻隔作用。

(2)列车可不受限制地继续运行。

3)一个辅助逆变器故障

如果一个辅助逆变器故障,另一个辅助逆变器给以下设备供电：

(1)牵引设备的外部冷却风扇。

(2)每车一个空调单元。

(3)空压机。

4)连接AC 380V列车导线的接触器自动地连接。

3. 紧急供电模式

（1）辅助电源的紧急工作模式在满足以下条件时启动：

①高压母线没电。

②司机控制器未锁上。

这个模式可在3车单元和6辆编组列车中使用。

（2）在没有高压输入整列车的条件下，蓄电池必须给下列负载供电45min：

①全部的紧急照明。

②全部的头灯和尾灯。

③全部的通信（广播，车载无线电台）。

④总线网络的关键功能部分。

⑤50%的通风（蒸发器的风扇）。

⑥45min后开关门一次。

在紧急供电模式下，列车不能继续运行。如果将司机控制器锁上，那么辅助电源紧急供电模式关断，蓄电池备用模式启动，这意味着列车控制和空调（包括通风）关断。

依据电客车司机和车辆检修员职业资格标准，本项目检修根据电客车检修过程设计学习性的任务，以学生动手训练和自主学习为主，共分为三个学习任务，即辅助逆变器的检修、蓄电池的检修和照明系统的检修。

任务一　辅助逆变器的检修

任务要求

1. 掌握辅助供电系统的主要组成及作用。
2. 能说出城市轨道交通车辆辅助逆变器的用途及结构。
3. 能规范检查辅助逆变器的基本技术状况。
4. 能独立进行辅助逆变器的检修。

任务准备

1. 场地准备：城轨车辆实训中心，多媒体教学设备。
2. 工具准备：扳手，棘轮13，红色线号笔。
3. 材料准备：硬刷，压缩空气，橡胶密封条，黏结剂1521，润滑油，清洁剂。
4. 建议课时：6课时。

知识导航

一、概述

每节车都有一个辅助逆变单元DC/AC（共6个）；把DC 1500V的直流电转换为三相380V交流电提供给空压机，空调设备，设备通风装置，驾驶室通风装置以及220V方便插座。每个B车一个DC/DC（共2个），与B车辅助逆变器集成在一个箱体，把DC 1500V的直流电转换为110V直流电,为整列车提供110V直流电源,并负责给列车蓄电池充电。辅助逆变器是把直流电转变成交流电(一般为220V/50Hz正弦或方波)。应急电源,一般是把直流电瓶逆变成220V交流的。通俗地讲,辅助逆变器是一种将直流电(DC)转化为交流电(AC)的装置。

二、辅助逆变器的位置

辅助逆变器在车上的位置如图4-1-1所示。

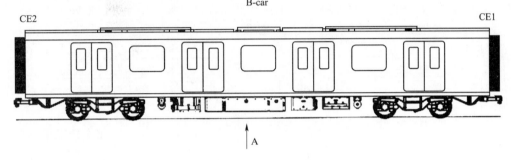

图4-1-1　辅助逆变器的位置

辅助逆变器是B车地板下设备的一部分。

三、辅助逆变器的技术参数

1. 机械参数

总体积(长×宽×高):3400mm×1960mm×687mm。

质量:2385kg。

冷却类型:强迫风冷。

2. 电气参数

输入:直流1500V。

　额定电压:直流1500V。

　最低电压:直流1000V。

　最高电压(连续满负载):直流1800V。

　最高电压(短时满负载):直流1950V(≤5min)。

　额定输出功率:144kW。

输出1和输出4:三相交流400V,50Hz。

　输出电压:三相交流400V。

　输出频率:50Hz±1%。

　额定输出:144kV·A。

输出3:直流110V。

　输出电压:直流110V。

　电压限值:直流77V～直流137.5V。

　额定输出:2×16kW。

　输出电流:2×145A。

四、辅助逆变器的组成部件及应用

如图4-1-2所示,辅助逆变器包含供电系统所需的所有零部件,其中也包括充电器。辅助逆变器设备箱装在B车的地板下面,它包含两个几乎完全冗余的辅助逆变器(7)和(8)。如图4-1-2所示。两个蓄电池充电器模块共同向蓄电池输出电路馈电。如果其中一个充电器发生故障,第二个充电器仍可提供额定功率的直流电。辅助逆变器接口、紧急启动蓄电池、蓄电池充电器输出电路和三相交流耦合接触器没有采用冗余设计。设备中零件位置如图4-1-3所示。

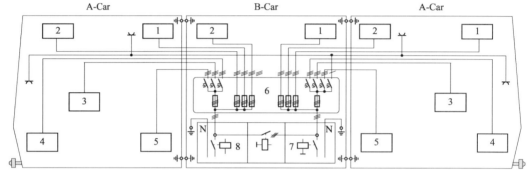

图4-1-2 三相380VAC电路

1-VAC 1;2-VAC 2;3-空气压缩机;4-牵引设备箱1;5-牵引设备箱2;6-辅助装置箱;7-辅助逆变器1;8-辅助逆变器2

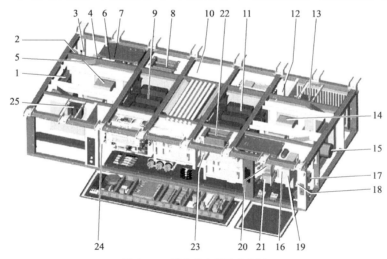

图4-1-3 设备箱中零件的位置

1-风扇M21;2-EMC过滤器铁氧体磁芯组件V29;3-直流输入电压传感器129;4-直流主接触器Q21;5-管线节气门R24;6-EMC过滤器电容V31、V32;7-交流输出接触器Q22;8-OVP电阻R33、R34;9-主变压器T24;10-半直流连接电压传感器130;11-主变压器124;12-进风口温度传感器R40;13-BC管线节气门R35;14-管线节气门R4;15-风扇M1;16-EMC过滤器电容V11、V12;17-EMC过滤器铁氧体磁芯组件V9;18-直流输入电压传感器T9;19-直流主接触器Q1;20-交流输出接触器Q2;21-交流输出接触器Q3;22-OVP电阻R13、R14;23-半直流连接电压传感器T10;24-进风口温度传感器R20;25-BC管线节气门R15

辅助逆变器在运行时直接与架空牵引线相连接。辅助逆变器的两个部分都是由1500V架空线并行供电的。辅助逆变器向列车上的风扇、空调单元以及所有其他的三相负载输出3-AC380V电压。辅助逆变器1还输出直流110V辅助电源用于蓄电池充电以及控制单元的电源需求。

辅助逆变器将来自架空线的电源转变为以下输出电压:输出 1 为三相交流 380V,50Hz(144kVA),用于空调单元以及其他不同的负载;输出 3 为直流 110V(2×16kW),用于向蓄电池供电;输出 4 为三相交流 380V,50Hz(144kVA),用于空调单元以及其他不同的负载。

五、辅助逆变器的冷却

辅助逆变器采用强迫风冷,如图 4-1-4 所示。

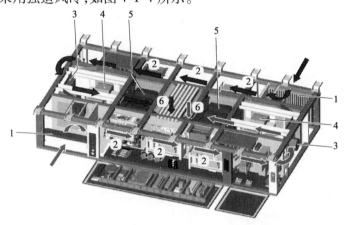

图 4-1-4　辅助逆变器中的主要气流
1-进风栅;2-散热片;3-风扇;4-管线节气门;5-主变压器;6-进风

辅助逆变器设备箱中的气流分别被导向辅助逆变器的两个部分。其中一部分气流路径如下:空气通过沿着车体排布的进气栅被吸入逆变器设备箱;由于电源模块的散热片延伸到风道,因此空气沿着设备箱的侧边流到风扇;鼓动空气通过设备箱中间的管线节气门和主变压器,然后向下通过出气栅排出。

 任务实施

一、辅助逆变器的维护和检修

辅助逆变器的维护检修任务如表 4-1-1 所示。

辅助逆变器箱的维护检修　　　　　　　　　　　　　　表 4-1-1

序号	维修项目	维修内容	方法	技术要求
1	箱体外观,吊挂件,紧固件状态	无异常损伤,锁闭标记无错位	检查	箱盖、箱门无变形,锁闭功能良好,紧固件无损坏
2	连接器、格兰头、接地线状态	无异常损伤,无松动	检查	连接器连接可靠,接地点接地线连接良好
3	输入接触器、输出接触器、控制开关装置	灭弧罩无机械损坏或金属粉末淀积;接触器无异常损伤,无松动;开关无异常损伤	清洁检查	无积尘,无积垢,触头表面无烧损,无明显氧化;检查触头磨耗程度,主触头表面凹坑深度不大于0.5mm,辅助触头电阻值≤500mΩ

续上表

序号	维修项目	维修内容	方法	技术要求
4	所有电气连接	防松标记无错位,接触良好	检查	电气连接绝缘良好,无老化脱落,无异味,进出线状态良好
5	更换防腐袋	无损伤	检查	—
6	辅助逆变器的变压器/扼流圈	无异常损伤,无松动	检查清洁	—
7	辅助逆变器的进风口	表面无积尘	清洁	必要时用硬刷或吸尘器清理
8	辅助逆变器内部	无脏物或水侵入,无异常损伤,无松动	检查清洁	—
9	辅助逆变器风道和散热片	(1)清洁逆变器箱内进风口附近区域；(2)清洁风道、风扇箱和电磁元件箱；(3)清洁模块的散热片	清洁操作	清洁,无积尘
10	应急电池	检查应急电池	测试	单节电池电压不能低于6V

二、辅助逆变器检修提示

1. 检修逆变器箱时必须完成下列五步操作

1）将辅助逆变器断电

按照列车负责人的指示,将辅助逆变器断电。

切断110V直流供电,将插头从控制器上拔下,断开主控制器。通过拔下蓄电池插头或取下车辆蓄电池熔断器,断开蓄电池充电器和车辆蓄电池之间的连接,来切断蓄电池电源。

2）确保辅助逆变器不会再通电

确保电源不会再通电,受电弓不再升起。在切换成零电压的各点标上警告记号。

3）检查电源是否隔离良好

在测量电压期间,必须戴上合适的绝缘手套。使用合适的高压测量仪表,测量以下各点是否有电压。所测得的电压必须低于60V。

4）辅助逆变器的接地和短路

使用合适的接地短路设备将球形接地电极短路,使辅助逆变器的直流环节接地并短路。

5）遮盖或隔离部件

在打开翻盖后,将附近带电的部件遮盖或隔离。

2. 辅助逆变器检修完毕注意事项

（1）在启动辅助逆变器之前,应检查气流是否被维修门或盖子阻挡或完全阻碍。

（2）从辅助逆变器上拆除三端子接地短路装置。

（3）用方钥匙关闭四个维修盖。

（4）按照维护手册切断列车电源所述,激活列车。

（5）按照维护手册切断列车电源所述,将列车连接到辅助电源上。

（6）移除制动闸瓦。

任务考核

学 习 工 作 单

实训项目　辅助逆变器的结构认知与检修

班级：　　　　姓名：　　　　学号：　　　　时间：

一、知识总结

1. 简要说出城市轨道交通车辆辅助逆变器常见故障的处理方法。

2. 辅助逆变器有哪几种运行模式？

3. 简要说出城市轨道交通车辆辅助逆变器故障检测方法。

二、操作运用

1. 根据给出的辅助逆变器检修程序，进行技术状况检查并填写作业标准和检查结果。

作业项目、内容	作业标准及要求	检查手段	检查结果
检查辅助逆变器箱外观		目视检查	
箱体检查		目视检查	
负载以及电压检测		手动检查	
盖外观检查		目视、手动检查加清洁	

2. 操作演示进行城市轨道交通车辆辅助逆变器的拆装与维护的方法（在轨道交通实验室城市轨道交通车辆辅助逆变器仿真模型或者实物实操区域中操作演示）。

三、实训小结

_____

_____

_____

四、成绩评定

评价等级	表达能力	沟通能力	团队合作能力	实际操作能力	知识掌握能力
评价结果					

注：按照学生自评占10%、组内互评占10%、他组互评占20%、教师评价60%比例计分，其中：A－100分、B－85分、C－75分、D－60分、E－50分进行折算。

五、指导教师评语

指导老师签字：　　　　　　　日期：　　　年　　　月　　　日

任务二 蓄电池的结构认知与检修

任务要求
1. 了解蓄电池的结构特点。
2. 掌握蓄电池的安装位置和结构组成。
3. 掌握蓄电池的修程。
4. 能独立进行蓄电池的维护。

任务准备
1. 场地准备:城轨交通车辆检修实训中心,多媒体教学设备。
2. 工具准备:扭力扳手,数字万用表,110V直流电源表。
3. 物品准备:蒸馏水,橡胶密封条,压缩空气,刷子。
4. 建议课时:6课时。

知识导航

一、概述

1. 蓄电池的原理及分类

蓄电池是将化学能与电能互相转换的装置,它把电能转变为化学能储存起来,使用时再把化学能转变为电能,而且变换的过程是可逆的,以上两个过程分别称作蓄电池的充电与放电过程。

根据极板所用材料和电解液性质的不同,蓄电池一般可分为酸性(铅)蓄电池和碱性蓄电池两大类。常见的蓄电池有:碱性蓄电池(镉镍蓄电池)、酸性蓄电池或铅酸蓄电池等。

1)镉镍碱性蓄电池

某些城市轨道交通车辆采用镉镍碱性蓄电池(GN-100)组,由74个蓄电池串联,每个蓄电池标称电压为1.25V,容量为100A·h,蓄电池组的标称电压为92.5V。

型号意义:GN-100型;G-镉(负极板材料);N-镍(正极板材料);100-蓄电池容量(A·h)。

蓄电池主要由两种不同金属组成的正负极板、电解液以及容纳极板和电解液的电槽组成,如图4-2-1所示。

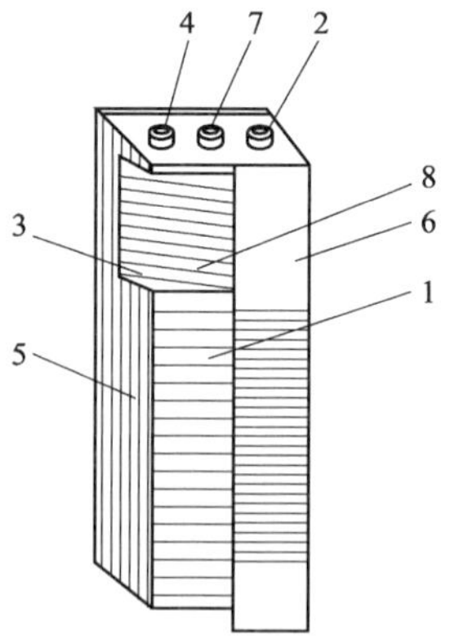

2)阀控式铅酸蓄电池

阀控式铅酸蓄电池采用密封结构,其电池盖子上设有单向排气阀(安全阀),使电池保持一定的内压,允许多余气体向外排出,阀内设置了双层滤酸防爆片,确保电池无酸雾析出,不污染环境,安全可靠。电池电解液为凝固状胶体,

图4-2-1 蓄电池结构
1-正极板;2-正极板引线端;3-负极板;
4-负极板引线端;5-硬橡胶棍;6-电槽;
7-带有开关作用的螺丝塞;8-电解液

因此电池内无流动的电解液。

此种蓄电池较镍镉蓄电池的优点有：环保性好、维护工作量小、工作安全可靠性高、成本低；缺点为电池能量密度低，过于笨重，存在自持放电，储存期不应超过六个月，储存超过六个月时，应对电池进行均衡充电。

蓄电池为六联体结构，每个六联体主要包括正极板、负极板、电解槽及电槽盖、液口栓盖、电解液、跨接板、垫圈、螺栓等。具体结构参见图4-2-2。

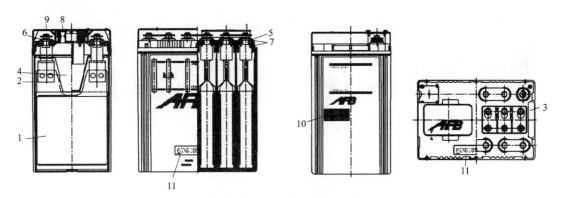

图4-2-2 六联体蓄电池结构示意图

1-电池单体；2-壳体；3-垫块；4-隔块；5-绝缘套；6-极柱；7-垫圈；8-跨接板；9-铭牌；10-电解液位下限；11-电解液位上限

2．蓄电池箱结构

蓄电池箱采用抽屉式结构或小车结构，箱体安装在车下，保证蓄电池不受灰尘水分的侵扰并且通风良好，易于取出检修维护。打开蓄电池箱盖的门锁与防脱落部件后，可以将蓄电池下箱或小车拉出，进行蓄电池的现场维护、保养以及更换零部件。也可将蓄电池下箱或小车用叉车运至维护车间进行地面充放等维护保养工作。对于蓄电池箱体各种结构，在车辆运行过程中，保证蓄电池固定良好，箱门不会松脱打开造成事故。以下以抽屉式结构为例讲述。

1) 上箱总成

上箱总成为一个不锈钢箱子，内含：滑动导轨系统的固定导轨；允许电缆穿过蓄电池箱体的密封接头和连接器的插座；用于测量蓄电池箱内温度的传感器；所有必需的电气部件，包括内部电缆、端子排、动力线和控制线的接线端子、连接器插头和插座、密封接头等。

2) 下箱总成

下箱总成用于安放蓄电池组的部件。该部分是一个不锈钢构架，包括：1个把手，维修人员用它能将蓄电池下箱拉开；熔断器、熔断器安装座；蓄电池部件的紧固件；蓄电池模块及其连接和紧固部件；所有必需的电气部件，包括内部电缆、端子排、连接器插头和插座等；防止触电危险的标志。

3) 蓄电池电气箱

蓄电池组与其周边相关的电气元件通常装在不同的箱体内，防止电气元件动作产生的电火花引发可燃气体，避免蓄电池工作产生的腐蚀性气体、液体影响电气元件。

二、蓄电池箱的安装位置

1. 蓄电池箱的安装位置

蓄电池箱安装在 B 车底架上,安装位置如图 4-2-3 所示,蓄电池箱 1 附带熔断器盒如图 4-2-4 所示。蓄电池箱 1(B65)如图 4-2-5 所示,蓄电池箱 2(B66)如图 4-2-6 所示。

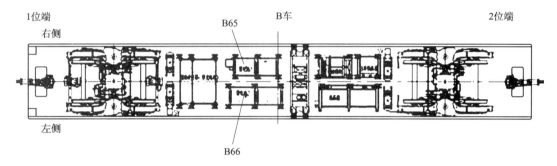

图 4-2-3　蓄电池箱的安装位置

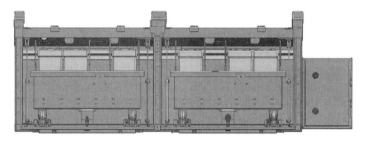

图 4-2-4　蓄电池箱 1 附带熔断器盒

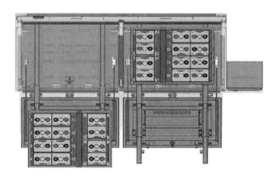

图 4-2-5　蓄电池箱 1(B65)

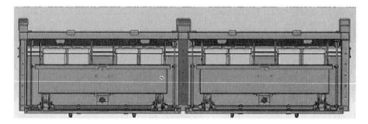

图 4-2-6　蓄电池箱 2(B66)

2. 拖链位置和母排位置

（1）箱内有用于安装固定活动电线的拖链，拖链位置如图 4-2-7 所示。

（2）母排位置如图 4-2-8 所示。

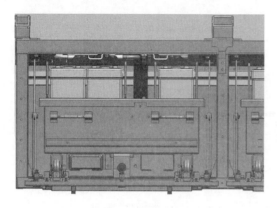

图 4-2-7　拖链位置 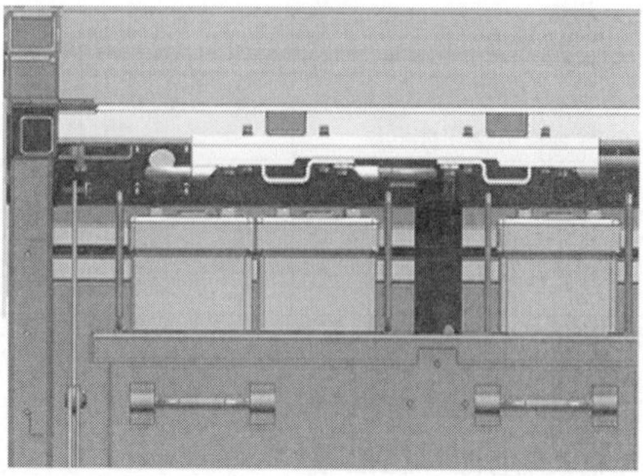　　　　　　　图 4-2-8　母排位置

（3）蓄电池小框如图 4-2-9 所示，其重量通常能够保证单人可以完成拆装工作。

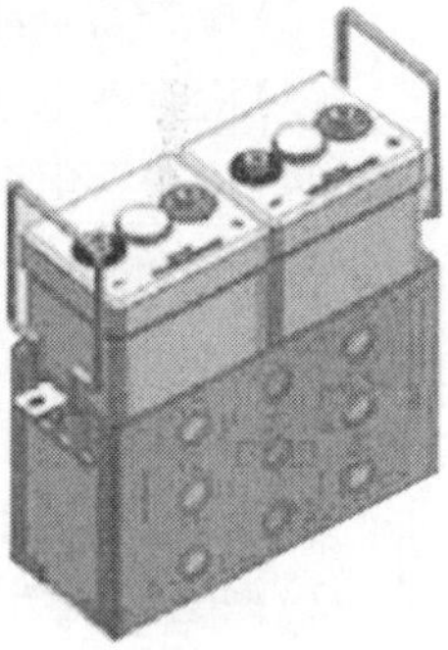

三、蓄电池的保护

1. 隔离保护

电池通过手动开关和低压网络隔离，在没有高压且蓄电池已放电 45min 后，如电池电压降至最低值（84V）时，由电压继电器控制的接触器将蓄电池与荷载隔离。

2. 过热保护

通过一个温度传感器检测蓄电池充电过程，避免蓄电池因过热引起的故障。

图 4-2-9　蓄电池小框

3. 回流保护

辅助逆变器的输出端串接一个逆流二极管，防止从 110V 低压网络回流至蓄电池。

4. 短路保护

在蓄电池的正极和负极上都串接熔断器，起线路短路保护的作用。

 任务实施

在对蓄电池进行检修过程中，操作人员应穿戴防护服、橡胶手套和护目镜。在操作过程中必须保证蓄电池从列车系统中隔离，只有专业人员在进行参数测量过程时才可以保持蓄电池连接。

一、蓄电池预防性维护与检修

1. 蓄电池预防性维护

蓄电池预防性维护如表 4-2-1 所示。

蓄电池预防性维护　　　　　　　　表 4-2-1

检 修 项 目	操 作 频 次	备　　注
外观检查蓄电池	三月检	务必在切断电源的情况下进行各项检测,在检测过程中,必须穿戴防护性的服装(如橡胶手套),注意保护眼睛
清洁蓄电池	一年检	
检查连接	六月检	
检查液面	六月检	
检查蓄电池单体电压	三月检	
检查充电系统	六月检	
注液	—	
容量测定	五年检	

注:以上为检修示例,具体检修内容与周期以随车交付技术资料为准。

2．蓄电池检修内容及技术要求

1）蓄电池外观检查

(1)检查蓄电池壳体外表面和正负极壳盖是否有电解液泄露;更换受损件。

(2)检查蓄电池间连接片和电缆的清洁度;更换受损件。

(3)检查蓄电池的安装是否存在晃动;如出现松懈现象时,请再次进行紧固。

(4)检查蓄电池观察窗中电解液的液面高度;低于最低液面线时需进行加液。

(5)检查温度传感器的清洁,若在箱内清洁用微湿的布擦拭外壳即可(注意:不能使用很湿的布)或气压清洁,若箱外清洁除以上方法用干布也可以,箱内请勿使用干布容易产生静电,对蓄电池产生不良影响。

(6)检查蓄电池有无鼓包膨胀、过热现象,相关附属器件有无锈蚀。

2）蓄电池清洁

检查蓄电池的清洁度(无金属颗粒,没有杂质沉积在蓄电池盖内或蓄电池之间),若需要清洁,则用湿布清洁蓄电池表面及跨接片,清洁后用压缩空气(最大压力 5Pa)进行吹干。蓄电池端子和内接硬件涂抹有中性凡士林。运行一段时间后,需要清洁蓄电池端子及连接片,并重新涂抹一层新的涂层。密封的垫圈保证了连接的紧密性,垫圈只能使用一次,对于一次新的连接必须使用新的垫圈。注意清洁时不得打开电池液口栓盖,不得使用干布,也不得使用清洁剂或其他化学剂。

3）检查连接

用测力扳手检查蓄电池上的所有螺母是否完全紧固,检查蓄电池的连接片或电缆、端子有无损坏、腐蚀等;连接的导电部分出现异常时给予更换;连接松动会引起蓄电池接头螺栓,螺母松动会引起接触电阻。接触电阻会造成发热,损坏蓄电池,引起爆炸等危险。

4）检查液面

检查电解液面是否在标准范围。接近最低液面线(LOWER LEVEL)的情况下,注水到(UPPER LEVEL)的液面线。

5）检查蓄电池的电压

(1)将蓄电池箱与车辆相连的电路断开。

(2)打开蓄电池箱。

(3)断开蓄电池单体之间的连接。
(4)用直流电压表测量并记录蓄电池单体正负极电压。
(5)若某个单体的电压比单体的平均电压高或低20mV时,标识该单体。

蓄电池单体电用直流电压计测量,单体电压范围应在1.2~1.35V范围内,若不在范围内,需重点关注在车上使用,未经紧急放电,可直接测试。若紧急放电后,建议经充电后再检查。如放置车下经过长时间自放电,需看放置时间长短,一般来讲不能超过6个月。如果发现电解液中的水大量分解,请检查充电系统。

6)检查充电系统

每年至少检查一次列车的充电系统,以确保在规定电压和电流极限内运行。如图4-2-10所示为蓄电池充电曲线。

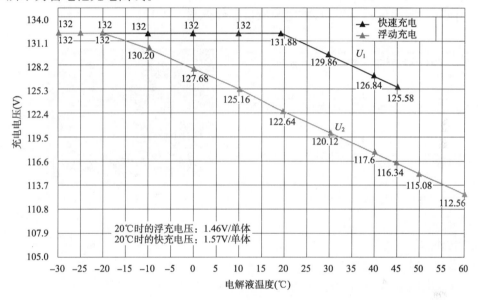

图4-2-10 蓄电池充电曲线

注:U_1 和 U_2 分别表示图中快充电曲线和浮充电曲线,在不同温度值时对应的充电限制电压值。

(1)快充电:使用恒定电流 I_5(I_5 = 21A)并设定限制电压 U_1(由蓄电池箱内的温度传感器测得的温度值决定限制电压值 U_1)为电池充电,直至达到 U_1 之后,充电会持续保持在"U_1 = 恒定(充电电流减小)"。若蓄电池箱内的温度传感器测得的温度值大于45℃时,充电方式转换至 FLOAT CHARGE 曲线对应的浮充电压 U_2(由蓄电池箱内的温度传感器测得的温度值决定限制电压值 U_2)。20℃时,U_1:1.57V/节(131.88V)。蓄电池充电电压最大不超过132V,即当温度补偿的充电电压超过132V时,蓄电池的充电电压为132V不变。

(2)浮充电:如果充电电流小于12A以下,则将充电电压从"U_1 = 恒定转"为"U_2 = 恒定",充电电流会在充电过程中持续减小;20℃时,U_2 为 1.46V/节(122.64V),蓄电池充电电压最大不超过132V,即当温度补偿的充电电压超过132V时,蓄电池的充电电压为132V不变。将充电电流增加至超过19A,则转换至 BOOST CHARGE 曲线进行快充电。

7)补水

正常操作情况下过充蓄电池,电解液由于水的电气分解与蒸发会减少,但仅损失水,不用改变和添加蓄电池原有电解液。蓄电池电解液只通过增加水来达到最高液面。在整个寿命期内,蓄电池按原则并不需要换液,但出现蓄电池内进入不纯物或杂质的情况及完成活性化充放电后仍满足不了容量规定的情况时,必须进行换液,具体换液方法及处理请与蓄电池维护人员联系。

蓄电池的补水方法是:在注水前,先根据蓄电池充电特性曲线对蓄电池进行充电,若充电电流在1h内几乎不变时,停止对蓄电池充电,静置2h后,开始补水。

液口栓盖和电池盖的三角印方向对称。

注:如果室内温度低于0℃,不要进行加水。

水为蒸馏水或纯净水,一般需达到指标是电导率小于10s/m和pH值为6.5~8,具体可参考《分析实验室用水规格和试验方法》(GB/T 6682—2008)。

蓄电池补水顺序见图4-2-11,蓄电池液口部件见图4-2-12。

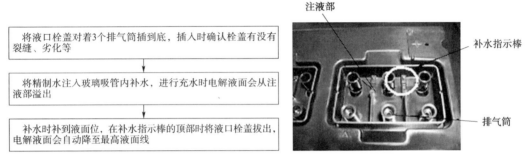

图4-2-11 蓄电池补水顺序　　　　图4-2-12 蓄电池液口部件

8)容量检测

检测标准:IEC60623。

检测步骤如下:

(1)对蓄电池以I_5进行放电,直至单体平均电压是1.0V。

(2)静置1h后,以I_5充电7~8h。

(3)静置至少1h后,蓄电池以I_5进行放电,直至单体平均电压是1.0V。

(4)记录放电时间(放电时间应不低于3.5h)。

如果按照上述四步骤进行完测试,若容量不足,那么重复(2)~(4)步。使用过程中,蓄电池容量会衰减。若重复(2)~(4)步5次,蓄电池放电时间仍低于3.5h,蓄电池寿命终止。

二、蓄电池组的组装和拆卸

1. 更换蓄电池需准备的工器具及劳动保护用品

(1)工器具:"38件套"、棘轮扳手及套筒(14mm)、剪线钳、扭力尺(5~25N)、画线笔、万用表等。

(2)劳动保护用品:安全帽、护目镜、绝缘手套等。如图4-2-13所示。

2. 更换蓄电池与安装蓄电池的流程

(1)打开并将列车两端B车的蓄电池闸刀开关拉下,如图4-2-14所示。

(2)拉下的刀闸,分别放至两端驾驶室内,如图4-2-15所示。

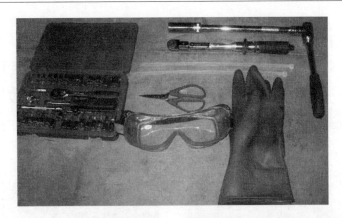

图 4-2-13 蓄电池更换工器具

a)
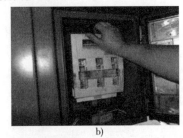
b)

图 4-2-14 拉下蓄电池闸刀开关

图 4-2-15 刀闸放置

(3) 在列车两端 B 车的蓄电池闸刀箱上挂好严禁合闸警示牌,如图 4-2-16 所示。

(4) 打开蓄电池箱,松开两紧固螺栓,以及如图 4-2-17 所示的三个插销后,拉出蓄电池箱。

图 4-2-16 警示牌

图 4-2-17 插销

(5)拆下电池母线,如图4-2-18所示。
(6)拆下温度传感器上的小螺钉,如图4-2-19所示。

图4-2-18 电池母线

图4-2-19 温度传感器的小螺钉

(7)拔下温度传感器上的塑料盖,需要用力拔,但是要小心别拔断。如图4-2-20所示。
(8)拆完后的温度传感器,如图4-2-21所示。

图4-2-20 温度传感器的塑料盖

图4-2-21 拆完后的温度传感器

(9)将导线拆下放好,如图4-2-22所示。
(10)将蓄电池单体取出在小推车上放好,如图4-2-23所示。

图4-2-22 拆下的导线

图4-2-23 小车上的蓄电池

3.安装蓄电池的流程

(1)将蓄电池单体按图4-2-24~图4-2-28所示放入蓄电池箱并排列好,每码好一个单体后,装好相应的嵌块,再装下一个单体。

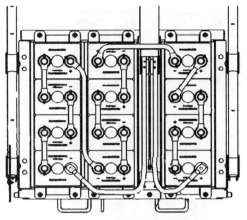

图 4-2-24 右侧 1 位端蓄电池箱

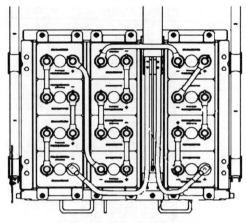

图 4-2-25 右侧 2 位端蓄电池箱

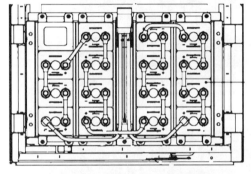

图 4-2-26 左侧 1 位端蓄电池箱

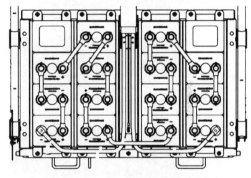

图 4-2-27 左侧 2 位端蓄电池箱

（2）连接好相应导线，如图 4-2-29 所示。

图 4-2-28 蓄电池箱

图 4-2-29 连接导线

（3）将所有电极固定螺母紧固至规定力矩，如图 4-2-30 所示。

（4）确认所有螺钉已打好扭力后，作防松标记并合上蓄电池单体上的塑料盖子，如图 4-2-31所示。

（5）测量蓄电池电压。蓄电池安装完毕后，分别测量蓄电池单体电压及整体电压。单体电压约为 2.18V；整体电压应与相应驾驶室电压表所示相同，约为 115V，如图 4-2-32 所示。

图 4-2-30　给螺钉打扭力

图 4-2-31　作防松标记

图 4-2-32　测量蓄电池电压

(6) 关好蓄电池箱,合上闸刀开关,取下严禁合闸牌,并对作业场地进行清场。

(7) 到列车两端驾驶室检查电压表指示是否正常,激活列车并做有电功能试验,如图 4-2-33 所示。

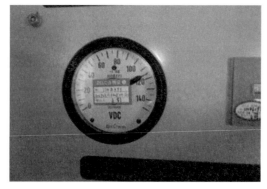

图 4-2-33　电压表

三、蓄电池检修案例

蓄电池的检修修程分为日检、月检、半年检、年检、架修及大修。

1. 蓄电池的日常检修（月检）程序

(1) 每月正常的维护检查，包括日常检修的所有内容。

(2) 对蓄电池外观进行检查，外观是否有变形、鼓胀、裂纹等现象，如有则应进行更换。

(3) 用 0.2～0.3MPa 压缩空气清理、清扫电池和电池箱内杂物及灰尘。

(4) 检查蓄电池各连接端子的紧固状况，松动的连接导线必须扭紧至技术资料规定的扭矩值，并用凡士林涂抹保护。

(5) 检查连线是否破损，必要时进行更换。

(6) 测量蓄电池的开路电压，在无负载的情况下开路电压应不低于 2.13V/单体（分酸碱两种单体电压），如低于则应进行均衡充电。

(7) 根据环境温度对车辆的浮充充电电压输出进行调整。

(8) 每月检查并记录充电设备的运行状态以及电池组总的充电电压值、充电电流值。

(9) 每次均衡充电时，每隔 4h 应分别记录每个电池的充电电压和充电电流。

2. 蓄电池半年检程序

(1) 半年检包括月检的所有内容。

(2) 对蓄电池进行均衡充电（6 个月内均衡充电不需下车，由厂家用便携充电机在车上完成）。

(3) 校对蓄电池组的总电压（浮充电压）与车上电压表的电压值是否一致，必要时进行调整。检查并记录一次电池组中每个电池的浮充电压值，检测并记录电池组两端的充电电压同充电设备的输出电压是否一致，检查并记录电池的外形、外表温度是否正常。

3. 蓄电池年检程序

蓄电池的年检内容及技术要求如表 4-2-2 所示。

蓄电池年检内容及技术要求　　　　　表 4-2-2

维修项目	维修内容	技术要求方法	方法	工装工具材料	
蓄电池箱	(1) 蓄电池箱外观检查	(1) 蓄电池箱无损坏、变色现象，箱盖须锁闭紧固	目测	—	—
	(2) 清洁蓄电池箱体内部	(2) 箱体内部应无灰尘、杂物	目测	—	—
	(3) 检查电解液高度，加注蒸馏水	(3) 打开蓄电池通风塞，加注蒸馏水到最大刻度线；加注后检查电解液液面高度	目测	注射器	蒸馏水
	(4) 蓄电池落车	(4) 蓄电池落车	目测	—	—
	(5) 清洁蓄电池	(5) 用棉布擦拭干净	目测	湿抹布	绝缘手套
	(6) 检查蓄电池壳	(6) 蓄电池壳体无严重变形、裂纹漏液现象；通风塞关闭良好，关闭不良者则更换，需确认	目测	—	—

续上表

维修项目	维修内容	技术要求方法	方法	工装工具	材料
蓄电池箱	(7)检查箱体内熔断器	(7)表面无凹凸,无打火痕迹	目测	—	—
	(8)测量温度传感器	(8)阻值满足RT表	测量	万用表、温度计	绝缘手套
	(9)检查蓄电池间连接	(9)电池间连线、连接板、螺钉无过热变色现象,接线端子压接良好,螺钉紧固,绝缘头无破损; (10)绝缘护套无过热熔化、破损现象,安装到位; (11)清洁蓄电池端子及连接片; (12)螺栓恢复扭力	目测	扭力扳手	绝缘手套
	(10)检查电池单体电压	(13)蓄电池单体开路电压为1.2~1.35V,开路电压低于1.2V应作标记和记录,充放电后仍不能恢复的,则进行更换	测量	万用表	绝缘手套

蓄电池的架修内容及技术要求如表4-2-3所示。

蓄电池架修内容及技术要求　　　　　　表4-2-3

维修项目	维修内容	方法	工装工具材料	技术要求
蓄电池箱	(1)将蓄电池从蓄电池箱中拆下	拆卸操作	通用工具	
	(2)清洁蓄电池	清洁操作	40℃±5℃热水,压缩空气,手套	干燥,清洁
	(3)检查蓄电池充电器电压	检测操作	维护PC	充电电流正常,蓄电池总电压在77~132V
	(4)检查和调整电解液高度	检查操作调整操作	手套,眼罩,防护鞋,防护围裙,SAFT维修工具箱,纯净水或蒸馏水	电解液高度调整到40mm±5mm
	(5)电气试验	试验操作	蓄电池工作台,扭力扳手,HCFA1-25/165型自动恒流充放电机,万用表,套筒扳手	进行放电/充电一次,检测和记录各项充放电指标和容量满足紧急供电30min
	(6)检查单节电池电压	检测操作	万用表	单个电池的开路电压无明显差异,电压值不小于1V
	(7)检查蓄电池连接扭力	检查操作	带绝缘把手的扭力扳手,记号笔	拧紧力矩为15N·m±2N·m
	(8)蓄电池上保护涂层	操作	凡士林	连接件上均需涂上保护层,涂层均匀光洁
	(9)蓄电池密封件检查	检查操作	扳手	密封件完好,无损伤
	(10)吊挂处紧固件复扭	检查操作	扭力扳手	力矩符合规定要求
	(11)导轨润滑	润滑操作	通用润滑脂	润滑良好,导轨动作灵活

四、蓄电池检修提示

1. 蓄电池拆卸安装注意事项

（1）由于电池组电压较高，存在着电击的危险，因此装卸、连接时应使用绝缘与防护工具，防止短路与电击。

（2）安装时应仔细注意蓄电池的正、负极性，绝对不可接反，以免造成蓄电池短路。

（3）连接螺丝必须拧紧，拧紧螺母时扭矩为15N·m，以保证接触良好，脏污和松散的连接会引起电路接触不良或造成打火，因此要仔细检查。

（4）安装末端连接线和导通电池系统前，应再次检查系统的总电压和极性连接，以保证正确接线。

（5）连接线连接紧固后，戴上保护罩，避免外部导体掉入而造成电池组短路。

（6）应有良好通风环境，电池要远离热源和易产生火花的地方；要避免阳光直射。

2. 其他注意事项

（1）阀控密封电池为贫液式结构，使用过程中不进行补水，因此保持电池中的水分含量是保证电池容量充足和寿命的关键。为了长期保持电液中的水分，用户切不可使用超过蓄电池使用维护说明规定的恒电流直接充电至电池容量饱和，而只能采用初期充电限流，充电至2.35V/单节×节数后保持恒压充电数小时，再转为2.27V/单节×节数的浮充充电方式。

（2）电池组运行过程中，若出现异常情况，应及时查找原因，弄清是充电设备的原因还是电池组的原因，并根据情况采取相应的处理方法。若经过处理尚未解决，要及时通知厂家处理。

（3）电池组在浮充运行过程中，若出现重大质量事故，如：电池发生裂开，电池外形严重变形、鼓肚，电液泄露，电池外表温度异常等，需立即记录当时有关充电设备的充电电压、充电电流，逐台检测并记录电池充电电压，同时应妥善保持好事故现场，立即通知厂家做相应处理。

（4）进行电池使用和维护时，请用绝缘工具。电池上面不可以放置任何金属工具，不能使用有机溶剂清洗电池，不要在电池组附近吸烟或使用明火，所有的维护工作必须由专业人员进行。

①出现电解液泄漏、电槽、盖子被破坏的情况时，请与蓄电池维护人员联系，进行更换。漏电是造成火灾和触电的主要原因。

②蓄电池在发热的情况下，请不要继续使用，请与蓄电池维护人员联系。若出现连接部分的覆层损坏，或冒烟雾、出异味不正常的情况，请马上停止充电，切断电源并与蓄电池维护人员联系。如继续使用则会引起火灾或触电事故。

③连接导线上芯线露出或出现断线等情况时，请进行更换以免造成火灾和触电事故。

④蓄电池引发火灾的情况下，请不要用水灭火，而使用粉末（ABC）灭火器，用水灭火会造成更大的火灾。

⑤电解液洒漏时请用硼酸中和或用水冲洗。

任务考核

学习工作单

实训项目　城市轨道交通车辆蓄电池维护与检修

班级：　　　姓名：　　　学号：　　　时间：

一、知识总结

1. 简要说出城市轨道交通车辆蓄电池常见故障的处理方法。

2. 简要说出城市轨道交通车辆蓄电池的检修注意事项。

3. 简要说出城市轨道交通车辆蓄电池故障检测方法。

二、操作运用

1. 根据给出的蓄电池检查作业指导，进行蓄电池技术状况检查并填写作业标准和检查结果。

作业项目、内容	作业标准及要求	检查手段	检查结果
检查各蓄电池单体		目视检查	
蓄电池箱里面整体检查		目视、测量检查	
负载以及电压检测		目测	
箱盖外观检查		目视检查	

2. 操作演示城市轨道交通车辆蓄电池的负载试验和单体电压检测的方法（在轨道交通实验室城市轨道交通车辆蓄电池仿真模型或者实物实操区域中操作演示）。

三、实训小结

四、成绩评定

评价等级	表达能力	沟通能力	团队合作能力	实际操作能力	知识掌握能力
评价结果					

注：按照学生自评占10%、组内互评占10%、他组互评占20%、教师评价60%比例计分，其中：A－100分、B－85分、C－75分、D－60分、E－50分进行折算。

五、指导老师评语

指导老师签字： 日期： 年 月 日

任务三 列车照明系统检修

任务要求

1. 了解照明的基本概念、常用光源、照明系统布置原则。
2. 掌握列车照明系统设备的组成及作用。
3. 掌握列车照明系统设备的种类和分布。

任务准备

1. 场地准备：城轨车辆检修实训中心，多媒体设备。
2. 工具准备：个人工具箱，吸尘器，方孔钥匙。
3. 材料准备：软布，电气清洁剂。
4. 建议课时：4课时。

知识导航

一、概述

列车照明系统是指地铁列车完成正常运行时所必需的车辆照明系统。该系统包括列车运行时必需的外部照明系统（图4-3-1）、客室照明系统（图4-3-2）及列车操作过程中所必需的工作照明系统。它们应具备列车运行过程及检修过程所必需的所有照明功能。

正常情况下，受电弓从接触网取得电能，由列车辅助逆变器提供全部照明电源；当辅助逆变器无法正常工作时，由列车主蓄电池提供部分必需的照明电源。

二、列车照明系统设备的组成及作用

城市轨道交通车辆的照明主要包含前照灯、尾灯、运行灯、驾驶室照明及客室照明。

图 4-3-1　列车外部照明系统

图 4-3-2　客室照明系统

1. 前照灯

前照灯是用于列车运行过程中前进方向的照明需要,便于列车司机观察前方路况及信息。前照灯要能照射足够的距离,以保证行车安全。前照灯由头灯和尾灯两盏灯组成,两者安装在同一个灯体内,位于头车驾驶室前罩下方的两侧,如图 4-3-3 椭圆圈和图 4-3-4 下方所示。

图 4-3-3　列车前照灯及运行灯

列车前照灯采用氙气灯照明,能提供"强光"和"弱光"两种照明强度,并且在水平和垂直方向上能进行适当调节。前照灯一般由 DC 110V 供电。

2. 运行灯

列车运行灯是显示列车运行状态的指示灯。运行灯位于尾车驾驶室前罩上方的两侧,如图 4-3-3 方形圈和图 4-3-4 上方所示。在距车辆 215m 远露天处清晰地看到运行灯(视觉清晰的天气状况下),包括在直线隧道内。

运行灯分为两组,一般有红色和白色两种颜色,红色灯安装在外侧,白色灯安装于内侧,均由相应颜色的 LED 组成,由 DC 110V 供电。红色灯亮表示本车为列车尾端或本车正向行驶,白色灯亮表示本车为列车前进方向或为主控制室端。

3. 尾灯

如图 4-3-4 下方所示,尾灯的作用是现实列车尾部所在位置,尾灯安装在头灯相邻位置,其形状大小与头灯类似,照度要求在 215m 处能见到尾灯亮。尾灯颜色为红色,尾灯灯罩为红色,灯泡为 25~60W 的白炽灯。

4. 客室照明

客室照明布置如图 4-3-5 所示,在客室门区设置有应急照明灯。

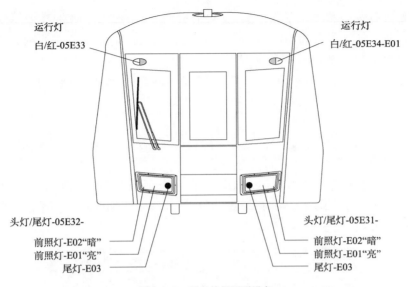

图 4-3-4 列车外部照明设备

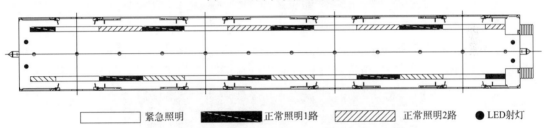

图 4-3-5 客室照明布置

客室照明采用 LED 平面光源或荧光灯。客室设有两条正常照明和一条紧急照明电路，正常照明和紧急照明电路的灯源是交叉排列的。

列车正常照明由充电机输出的 DC 110V 电源供电。所有充电机无 DC 110V 电源输出时，正常照明将被关闭。

列车紧急照明由两台蓄电池充电机供电，当一台蓄电池充电机无 DC 110V 输出时，另一台充电机可以使紧急照明继续得电，在两台蓄电池充电机同时无 DC 110V 输出时，紧急照明电源由蓄电池供给，并且在此时蓄电池能提供至少 45min 的紧急照明。

客室正常照明采用集中控制方式，在驾驶台上设有正常照明控制开关。正常照明控制开关设有 2 个挡位："开启"位和"关闭"位。

在客室正常照明控制回路中，钥匙开关先动作并且激活驾驶室端，激活端的控制开关才能实现控制正常照明的功能。

客室紧急照明不受主控制器钥匙的控制，在驾驶台上也不设紧急照明控制开关，只要列车处于唤醒状态，紧急照明始终保持接通。

如图 4-3-5 所示，列车的客室照明用于列车在运营过程中为乘客提供舒适的视觉照明。

列车客室采用三基色荧光灯照明，由 40W 顶灯组成两条灯带作为主照明。紧急照明均匀设在客室内上方区域，数量占全部荧光灯管的三分之一，正常照明情况下紧急照明灯也处于工作状态。

客室顶灯平行纵向布置于车辆顶部两侧,形成两条灯带,每组灯带都采用双灯管,并采用双透光区。其光源大部分为40W荧光灯(只有头车二位端由于长度原因布置20W荧光灯)。其中,在门区的每侧都有一个故障照明灯,故障照明光源为双灯管中的一只。故障照明电源为DC 110V,其余电源皆为AC 220V。除镇流器和逆变器外,故障照明灯和正常照明灯的安装结构和灯管具有互换性。

5. 驾驶室照明

驾驶室照明包括:驾驶台阅读灯、驾驶室内顶板照明灯。驾驶台阅读灯由灯体自带的开关控制,三个内顶板照明灯由设在驾驶台上的开关控制。

驾驶室照明灯具位于驾驶室中央顶部,驾驶室内顶板照明采用两个15W的荧光灯照明,由DC 110V供电,该照明设备在列车启动阶段、列车停车期间和车辆维修时使用,列车正常运行过程中不开启,如图4-3-6所示。

图4-3-6 驾驶室车顶灯

驾驶室阅读灯位于驾驶室驾驶台上,如图4-3-7所示,为低压24V/5W白炽灯。它的主要功能是在列车运行过程中,司机对驾驶台面板进行观察以及在特殊情况下填写各类报表。

图4-3-7 驾驶室阅读灯

驾驶室内所有照明都采用LED光源,紧急DC 110V电源,可在DC 77~132V电压范围内正常工作。

在列车正常运行时,驾驶室照明由两台蓄电池充电机供电;在一台蓄电池充电机出现故障时,另一台可以使驾驶室照明回路继续得到供电;在列车激活并且所有充电机均无DC 110V输出时,驾驶室照明由蓄电池供给DC 110V电源,并且在此情况下能提供至少45min的供电。

 任务实施

照明系统的检修分为日常检修和定期检修,如表4-3-1所示为检修示例。

照明系统检修内容及技术要求　　　　　表 4-3-1

序号	维修项目	维修内容	方法	技术要求	备注
1	检查客室照明	在驾驶台上旋转客室照明灯,检查客室正常照明和紧急照明是否正常	查看测试	清洁干净,功能正常,灯管发黑或闪烁则更换	
2	检查内部及外部照明功能	(1)闭合、断开两端驾驶室照明开关,驾驶室照明功能是否正常; (2)闭合、断开阅读灯开关,阅读灯功能是否正常; (3)两端驾驶室电压表和双针压力表照明是否正常	清洁检查功能测试	清洁干净,功能正常,灯管发黑或闪烁则更换	
3	检查头、尾灯、标志灯功能	(1)方向手柄置"前"位,调整头灯明暗调节开关,看头灯亮度是否对应; (2)操作方向手柄,分别置"前"位和"后"位,检查头、尾运行灯状态;置"前"位,列车前端的头灯和白色运行灯亮,后端的尾灯和红色运行灯亮;置"后"位,前端和后端的头、尾灯,白色运行灯和红色运行灯均亮	清洁检查功能测试	如头灯灯罩损坏,则更换	

当照明出现问题时,通常是灯管出现了问题,因此首先需要更换灯管;当更换灯管不起作用时,可能是镇流器或荧光灯逆变器出现了故障;当更换镇流器或荧光灯逆变器不起作用时,可能是开关或者照明线路出现了故障。

任务考核

学习工作单

实训项目　列车照明系统设备认知及检查

班级：　　　　姓名：　　　　学号：　　　　时间：

一、知识总结
1.简要说出列车照明系统设备的组成及作用。

2.简要说出列车照明系统设备的种类和分布。

3. 列车照明系统设备的日常检修程序是什么？

二、操作运用

1. 指认下图城市轨道交通车辆外部照明组成部件，并填出1～3号部件名称。

（1）_____；（2）_____；（3）_____。

2. 指认下图城市轨道交通车辆外部照明组成部件，并写出照明部分的电源。

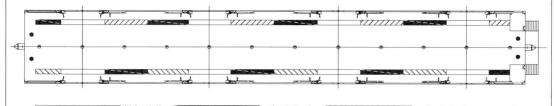

3. 根据给出的照明系统检查作业指导,进行照明系统设备技术状况检查并填写检查结果。

作业前准备工作:首先激活列车,驾驶台解锁,升弓并开启客室照明,然后打开驾驶室到客室的间隔门。

作业项目、内容	作业标准及要求	检查手段	检查结果
外部照明检查	(1)方向手柄置"前"位,将头灯开关分别置"亮"位和"暗"位,"亮"位和"暗"位的相应头灯亮起; (2)操作方向手柄,分别置"前"位和"后"位,检查头、尾灯和运行灯状态;置"前"位,列车前端的头灯和白色运行灯亮,后端的尾灯和红色运行灯亮;置"后"位,前端和后端的头、尾灯,白色运行灯和红色运行灯均亮	操作检查	
客室照明检查	分别旋转客室照明开关至"半开""全开"及关断位,客室各照明功能正常	操作检查	
驾驶室照明检查	(1)闭合、断开两端驾驶室灯 5SA02,驾驶室照明功能正常; (2)闭合、断开阅读灯开关,阅读灯功能正常; (3)两端驾驶室仪表照明正常	操作检查	

三、实训小结

_____

_____

_____

四、成绩评定

评价等级	表达能力	沟通能力	团队合作能力	实际操作能力	知识掌握能力
评价结果					

注:按照学生自评占10%、组内互评占10%、他组互评占20%、教师评价60%比例计分,其中:A-100分、B-85分、C-75分、D-60分、E-50分进行折算。

五、指导老师评语

指导老师签字:　　　　　　日期:　　年　　月　　日

项目五　城市轨道交通车辆其他电气设备检修

本项目主要内容包括城市轨道交通车辆驾驶室驾驶台检修、中低压电气柜检修和客室车门检修。

以苏州地铁1号线车辆为例,该线采用4辆编组,一列车由两个列车单元组成的2M2T四辆编组列车,编组形式为: = Tc * Mp = Mp * Tc = ,1个列车单元车上共布置有6个电气柜。

Tc车低压电气设备包括:Tc车在一位端驾驶室内正中位置设置驾驶台(DSK),驾驶室一位端一位侧设置右侧电气柜(CREC柜),驾驶室一位端二位侧设置左侧电气柜(CLEC柜),又称ATC柜,客室二位端一位侧设置空调控制柜,又称右侧电气柜(SEC2R);客室二位端二位侧设置低压电气柜(SEC2L),底架吊挂低压箱(LVB)及蓄电池箱,底架二位端一位侧和二位侧分别设置车端接线箱。

Mp车中低压电气柜包括:Mp车在客室二位端一位侧设置空调控制柜(SEC2R),客室二位端二位侧设置低压电气柜(SEC2L),底架吊挂低压箱(LVB)及高压箱(HVB),底架一、二位端一位侧和一、二位侧分别设置车端接线箱。

任务一　驾驶室驾驶台设备检修

任务要求

1. 掌握驾驶室驾驶台设备作用和工作原理。
2. 能够对驾驶室驾驶台设备进行日常检查维护。
3. 学会根据检修操作规程要求的驾驶室驾驶台设备的日检和月检的操作程序。

任务准备

1. 场地准备:城市轨道交通车辆检修实训中心(配备多媒体)。
2. 设备及工具:通用工具、吸尘器、内六角螺丝刀等。
3. 材料:软布、酒精、电气清洁剂等。
4. 建议课时:4课时。

知识导航

一、驾驶室驾驶台设备总体布置

驾驶室驾驶台上及驾驶室电器柜上的开关按钮,包括开关按钮的布置、功能及指示灯,都有着较为重要的作用,需要熟练掌握。驾驶台设备总体布置如图5-1-1所示。

项目五　城市轨道交通车辆其他电气设备检修

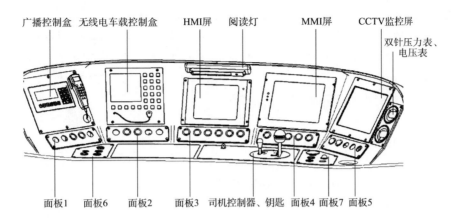

图 5-1-1　驾驶台设备布置

驾驶台立面分六个区域,从左到右依次装有:

(1)广播控制盒:主要作用是对客室播音和视频的控制。

(2)无线电车载控制盒:主要负责与地面运营控制中心 OCC 的通信。

(3)HMI 屏:主要显示列车速度、驾驶模式、线路信息等内容。

(4)MMI 屏:主要显示列车的各种状态和故障信息、空调的控制。

(5)CCTV 监控屏:显示驾驶室、客室的监控录像。

(6)最右侧从上到下依次是:双针压力表(白色和红色指针分别指示主风缸和制动缸的空气压力);电压表(显示蓄电池的输出电压)。

二、面板 1 介绍

驾驶台面板上部分设备组成如图 5-1-2 所示。

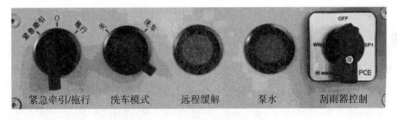

图 5-1-2　驾驶台局部按钮 1

1. 紧急牵引/O/拖行开关

将此开关打到紧急牵引位置,在该模式下列车的最高速度由 VCU 控制,向前运行最高在 45km/h,向后运行最高速度为 10km/h 。

将此开关打到拖行位置,在该模式下列车的运行速度和最高速度由 VCU 控制,向前运行最高在 30km/h,向后运行最高速度为 10km/h 。

2. 洗车开关

当方向手柄在"向前"位或"向后"位,主控制手柄在"牵引"位,同时将洗车开关置于洗车位时,列车最大速度将由 VCU 控制,以 3km/h 的低速度运行,列车最大速度偏差不能超过限速度 0.3km/h。

107

3. 远程缓解

该按钮带保护盖,且为自复位形式。按下该按钮,供气压力被隔离,制动缸的压力空气通过制动电控装置的内部气路排到大气,实现制动缸的缓解。该按钮仅在无制动命令的条件下才起作用。

远程缓解对紧急制动和停放制动不起作用。

4. 泵水按钮

该按钮为自锁型按钮,按下该按钮,刮雨器喷嘴喷水。

5. 刮雨器控制

刮雨器控制有 4 挡开关:OFF、SP1、SP2、WM。

OFF 位:刮雨器刮臂在水平位置。

SP1 位:刮雨器每分钟擦 15～30 次来回。

SP2 位:每分钟擦 30～45 次来回。

WM 位:刮雨器刮臂在垂直位置。

三、面板 2 介绍

驾驶台面板 2 设备组成如图 5-1-3 所示。

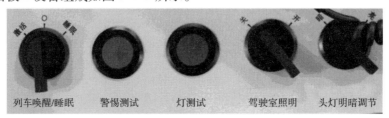

图 5-1-3　驾驶台局部按钮 2

1. 列车唤醒/睡眠

该转换开关开关有 3 个挡位:激活、O 和睡眠。用于接通和分断列车 DC 110V 电源母线,从而开始和结束当天运行。在任一端,将列车唤醒/睡眠(TAS)打到激活位,列车将激活,打到睡眠位、延时 30s 列车休眠。

2. 警惕测试

该自复位按钮用于每次出车前检测紧急制动 RC 延时电路是否正常。按下该按钮 3s,若列车触发紧急制动,说明紧急制动 RC 延时电路正常。

3. 灯测试

该按钮为自复位按钮,按下时驾驶台及立柱上的所有指示灯亮起。

4. 驾驶室照明

在开位置时,驾驶室顶灯亮。

5. 头灯明暗调节

用于调节头灯亮度。需要注意的是,头灯同时由司机控制器方向手柄控制。

四、面板 3 介绍

驾驶台面板 3 设备组成如图 5-1-4 所示。

图 5-1-4 驾驶台局部按钮 3

1. ATO 启动 1、ATO 启动 2

ATO 启动按钮用来启动列车的自动驾驶功能。使用时两按钮需同时按下。

指示灯灭,ATO 未准备就绪或者不允许自动驾驶。指示灯闪烁,当前主控器在"零位",且方向手柄在"向前"位时,按下 ATO 启动按钮就可以激活自动驾驶;当主控制器离开"零位"或方向手柄离开"向前"位时,将退出自动驾驶模式。指示灯常亮,表示自动驾驶已激活。

2. 自动折返

列车司机可通过按压自动折返按钮来触发折返运行。

指示灯灭,自动折返条件未满足。指示灯常亮,表示转换为自动折返模式的所有前提条件都得以满足,司机可以操作。

3. 降级确认

确认按钮用于确认与安全相关的信息和地面信号系统车载设备的输入,使用降级确认按钮,司机可确认以下情况:级别/模式降级,级别/模式的预选,打开缓解速度程序。

4. ATC 模式升级

司机通过驾驶模式升级按钮手动选择列车的驾驶模式,驾驶模式的升级选择要通过按压该按钮来进行确认。

5. ATC 模式降级

司机通过驾驶模式降级按钮手动选择列车的驾驶模式,驾驶模式的降级选择要通过按压该按钮来进行确认。

五、面板 4 介绍

驾驶台面板 4 设备组成如图 5-1-5 所示。

图 5-1-5 驾驶台局部按钮 4

1. HSCB 闭合

按下按钮,高速断路器 HSCB 闭合指令发送到车辆自动控制系统。若整列车高速断路器闭合,按钮绿色指示灯亮。

指示灯:绿色指示灯亮时,表明整列车高速断路器闭合。

2. HSCB 断开

按下按钮,高速断路器 HSCB 断开指令发送到车辆自动控制系统。若整列车高速断路器断开,按钮红色指示灯亮。

指示灯:红色指示灯亮时,表明整列车高速断路器断开。

3. 所有气制动施加

当空气制动施加(不包括停放制动)时,所有气制动施加指示灯(红色)亮。

4. 所有气制动缓解

当所有制动(包括空气制动和停放制动)缓解时,所有气制动缓解指示灯(绿色)亮。

5. 停放制动施加/缓解

该按钮为自锁型,且带红色指示灯。在零速情况下按下该按钮,将使停放制动电磁阀得电,如果此时没有施加常用制动,则将施加停放制动。当所有的停放制动施加时,该指示灯亮(红色)。

六、面板5介绍

驾驶台面板5设备组成如图5-1-6所示。

图 5-1-6　驾驶台局部按钮5

1. 停放制动缓解

当所有的停放制动缓解时,该指示灯亮(绿色)。

2. VCU 故障

当主 VCU 发生故障时,该指示灯亮红色。

3. 受电弓状态指示

该指示灯为双色指示灯,当整列车所有受电弓升起时亮绿色,所有受电弓降下则亮红色。

4. 受电弓控制

该选择开关有 4 个挡位:降双弓、升前弓、升双弓和升后弓,控制对应受电弓升降。

5. 门模式选择

该选择开关有 4 个挡位:OFF、自动开自动关、自动开手动关和手动开手动关。在 OFF 位时,开关门指令仅需发送至车辆控制系统;在其他位置时,开关门指令会发送至车载 ATC 系统,与屏蔽门实现同步开闭。

七、面板6介绍

驾驶台面板6设备组成如图5-1-7所示。

图 5-1-7　驾驶台局部按钮6

1. 除霜器

该开关打到开位置,在外界温度低于25℃时,前挡风玻璃电加热工作。

2. 强迫泵风

该按钮为自复位按钮。正常情况下,压缩机启停采用自动控制,当自动控制出现故障而无法启动压缩机时,压力开关的压力值低于700kPa,并且按下驾驶台上的强迫泵风按钮,压缩机启动接触器得电,本列车的压缩机启动。

3. 汽笛

该按钮为自复位按钮,按下该按钮,列车汽笛发声。

4. 左门开

在驾驶台、左侧门立柱上各设一个"左门开"按钮,该按钮为自复位按钮,按下按钮可手动给出开门指令。

当ATP发出门使能信号或在站台换端操作时,该灯亮绿色。

5. 左门关

在驾驶台、左侧立柱上各设一个"左门关"按钮,该按钮为自复位按钮,按下按钮,可手动给出关门指令。

当左侧任一车门未关门或未锁闭时,该灯亮红色。

6. 左门重关

按钮为自复位按钮,当左侧个别门启动防夹功能,车门打开时,按下该按钮片刻后松开,将再次给出关门指令。

八、面板7介绍

驾驶台面板7设备组成如图5-1-8所示。

1. 蘑菇按钮

在紧急状态下,司机可按下蘑菇按钮,列车将施加紧急制动,同时降下受电弓。

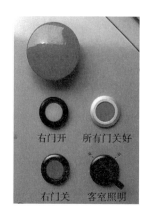 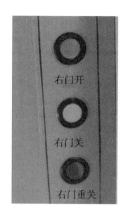

图 5-1-8 驾驶台局部按钮 7

2. 客室照明

将客室正常照明 1 路、正常照明 2 路点亮或者关闭。

3. 右门开

在驾驶台、左侧立柱上各设一个"右门开"按钮,该按钮为自复位按钮,按下按钮可手动给出开门指令。

当 ATP 发出门使能信号或在站台换端操作时,该灯亮绿色。

4. 右门关

在驾驶台、左侧立柱上各设一个"右门关"按钮,该按钮为自复位按钮,按下按钮可手动给出关门指令。

当右侧任一车门未关门或未锁闭时,该灯亮红色。

5. 右门重关

按钮为自复位按钮,当右侧个别门启动防夹功能,车门打开时,按下该按钮片刻后松开,将再次给出关门指令。

6. 所有门关好

当列车所有门关闭且锁闭到位,车门联锁回路得电,该指示灯亮绿色。

九、驾驶室右侧电气柜开关及按钮

驾驶室右侧电气柜指示灯如图 5-1-9 所示。

图 5-1-9 驾驶室右侧电气柜指示灯

1. WOSI 车间电源指示灯

车间电源插入时,WOSI 车间电源指示灯亮。

2. ISAI 隔离开关动作指示灯

当有隔离开关在隔离位时,隔离开关动作指示灯亮。

3. EISPB 紧急充电机启动按钮

当列车无低压 110V 或蓄电池电压低于 84V 无法启动列车时,手动升弓后按下紧急充电机启动按钮,辅助逆变器紧急充电机启动,由辅助逆变器为列车提供低压电,从而完成列车启动。

4. MRPB MVB 重新配置按钮

持续按下 3s,列车将重新对 MVB 网络进行配置。

5. PDPB 车门允许按钮

在地面信号系统的车载设备控制开关门时,按下 PDPB 按钮,地面信号系统的车载设备将输出一次门使能信号。

6. ABBS 制动隔离开关

当出现个别踏面制动单元无法缓解时,可将开关打至隔离位,允许列车限速 10km/h 运行。

十、驾驶室右侧电气柜隔离开关

驾驶室右侧电气柜隔离开关如图 5-1-10 所示。

图 5-1-10 驾驶室右侧电气柜隔离开关

1. EOS 紧急操作开关

在紧急状态下,为维持蓄电池供电 45min,司机操作该开关切换至"紧急操作"位,可将部分低压负载切除,从而保证其他设备的用电。

2. PBBS 停放制动隔离开关

当出现个别停放制动单元无法缓解时,可将开关打至隔离位,允许列车限速 10km/h 运行。

3. DBPS 门隔离开关

在非 ATP 保护的驾驶模式下,当车门关闭回路无法建立时,可切换该隔离开关至"旁路"位,实现列车故障运行。

4. DMPS 警惕按钮旁路开关

警惕按钮电路故障时,可操作该开关对警惕按钮功能进行旁路。

5. ATPFS ATP 故障隔离开关

当需要切除地面信号系统车载设备时,可操作此开关。切除后车辆由司机控制,信号设备功能失效。

6. LMRGBS 总风欠压旁路开关

当列车总风压力低时,可操作该隔离开关,缓解因风压低造成的紧急制动并限速行车。

十一、司机控制器介绍

如图 5-1-11 所示,司机控制器主要由司机钥匙、控制手柄、方向手柄组成,通过其机械或电气互锁关系满足列车运行控制需求。控制手柄上部为警惕按钮,在手动驾驶模式下,该按钮如果松开持续超过 3s,列车会触发紧急制动。

图 5-1-11 司机控制器

司机钥匙有"ON"和"OFF"两个位置;控制手柄设定四个位置区域:"牵引""0""制动"和"快速制动";方向手柄有 3 个位置:"向前""0""向后",并且在各个位置都有手感。三者之间的联锁关系如下:

钥匙—方向手柄:当钥匙处于 OFF 位时,方向手柄被锁定在"0"位不能移动;当方向手柄不在"0"位时,钥匙被锁定在 ON 位。

钥匙—主控制手柄:当钥匙处于 OFF 位时,主控制手柄被锁定在"0"位不能移动;当主控制手柄不在"0"位时,钥匙开关被锁定在 ON 位。

主控制手柄—方向手柄:主控制手柄在"0"位,方向手柄才可操作,如果此时列车速度不为 0,将触发紧急制动;当方向手柄在"0"位时,控制手柄将被锁定在"0"位即惰行位。方向手柄在非"0"位时,控制手柄方可操作。

十二、仪表介绍

驾驶台仪表包括直流电压表和双针压力表,如图 5-1-12 所示。

图 5-1-12 直流电压表及双针压力表

直流电压表:用于检测直流 110V 电压母线电压。

双针压力表:白色指针指示列车总风管压力,红色指针指示本车基础制动单元缸压力。

 **任务实施**

一、驾驶台日常维修内容及技术要求

见表 5-1-1。

驾驶台日常维修内容及技术要求　　　　表 5-1-1

序号	维修项目	维修内容	方法	工装工具材料	技术要求	备注
1	开关,按钮,指示灯,继电器,蜂鸣器	检查和清洁各开关,按钮,指示灯,继电器,蜂鸣器	清洁检查功能测试	通用工具,软布,吸尘器,电气清洁剂,酒精	清洁,无积尘;安装正确牢固,功能正常	如有问题,则更换
2	电压表,双针压力表	校验电压表和双针压力表	校验		电压表精度为满量程的1.5%,双针压力表精度为满量程的±1%	委外,提供报告
3	文件夹	检查文件夹	检查操作		无损坏	

二、驾驶台检修案例

1. 驾驶台年检内容及技术要求

见表 5-1-2。

驾驶台年检内容及技术要求　　　　表 5-1-2

检修项目	检 修 内 容	技 术 要 求	方法	工具
驾驶台	(1)检查台面开关、按钮、显示屏	(1)外观状态良好,无异常损伤,标识清晰,按钮无卡滞	目测	—
	(2)检查柜门	(2)锁闭标记无错位	目测	
	(3)仪表送检	(3)仪表精度符合要求	校验	
	(4)检查铅封开关	(4)铅封开关在正常位	目测	
	(5)驾驶台内部连接器	(5)司机控制器连接器无松动,并进行清洁	目测	—
	(6)检查驾驶台和侧墙上的按钮后部接线	(6)无异常损伤和松动	目测	内六角螺丝刀

2. 驾驶台日检内容及技术要求

见表 5-1-3。

驾驶台日检内容及技术要求　　　　表 5-1-3

检修项目	检 修 内 容	技 术 要 求	方法
驾驶台	(1)检查台面开关、按钮、驾驶器	(1)开关、按钮、驾驶器无异常损伤	目测
	(2)检查柜门	(2)锁闭标记无错位	目测
	(3)仪表	(3)仪表指示正常	目测

任务考核

学 习 工 作 单

实训项目 驾驶室驾驶台检修

班级： 姓名： 学号： 时间：

一、知识总结

1. 简述驾驶室驾驶台设备组成及作用。

2. 简述驾驶室驾驶台的检修工艺。

二、操作运用

根据给出的驾驶台检查作业指导,进行驾驶台技术状况检查并填写技术要求和检查结果。

检修项目	检 修 内 容	技术要求	方法	检查结果
驾驶台	(1)检查台面开关、按钮、显示屏		目测	
	(2)检查柜门		目测	
	(3)仪表送检		目测	
	(4)检查铅封开关		目测	
	(5)驾驶台内部连接器		目测	
	(6)检查驾驶台和侧墙上的按钮后部接线		目测	

三、实训小结

_____

_____

_____

四、成绩评定

评价等级	表达能力	沟通能力	团队合作能力	实际操作能力	知识掌握能力
评价结果					

注:按照学生自评占10%、组内互评占10%、他组互评占20%、教师评价60%比例计分,其中:A-100分、B-85分、C-75分、D-60分、E-50分进行折算。

五、指导老师评语

指导老师签字： 日期： 年 月 日

任务二 中低压设备柜和底架电气箱的检修

任务要求
1. 掌握电气柜内常用电气元器件的结构、作用及检修要求。
2. 熟悉电气元器件的各级检修程序。
3. 会对电气元器件的主要部件进行拆卸安装和调试。

任务准备
1. 场地准备：城市轨道交通车辆实训室，多媒体教学。
2. 工具准备：螺丝刀，扳手等。
3. 物品准备：吸尘器，软毛刷，无纺布，电气清洁剂。
4. 建议课时：8课时。

知识导航

一、低压箱

1. 低压箱布置

每辆车均配置一个低压箱，大致位置参见示意图 5-2-1（以列车编组形式：= Tc * Mp = Mp * Tc = 为例）。每辆车的车下布置有低压箱 LVB。低压箱属于中、低压分线箱，为车上电气柜及相关设备提供 380V 交流电、220V 交流电、110V 直流电。低压箱的输入端为 SIV（辅助逆变器），为低压箱提供 380V 三相交流电和 110V 的直流电。电器元件缩写词见表 5-2-1。

图 5-2-1 低压箱布置图

Tc-带驾驶室的拖车；Mp-带受电弓的动车；= -半自动车钩；* -半永久牵引杆；☐-低压箱

电器元件缩写词表　　　　表 5-2-1

缩　略　语	名　　称	缩　略　语	名　　称
BIS	蓄电池隔离开关	NSK	正常供电接触器
NSMF	正常供电主熔断器	TSK	列车供电接触器
EMVMF	紧急供电主熔断器	CMK	压缩机接触器
EMSF	紧急供电熔断器	TRCBF	3kW 变压器副边断路器
NSR	正常负载切除继电器	TRCBY	3kW 变压器原边断路器
LVDR	低压检测继电器	CSCB	压缩机启动断路器
LVR	低压继电器	OSCB	客室方便插座断路器
BRCFK	制动电阻冷却风机接触器	TICFCB1	牵引逆变器冷却风机断路器 1
TICFCB2	牵引逆变器冷却风机断路器 2	NSCB	正常负载断路器

续上表

缩略语	名称	缩略语	名称
BRCFCB	制动电阻冷却风机断路器	BATCB	蓄电池断路器
ACIVCB1	客室空调断路器1	NSKCB	正常负载接触器断路器
ACIVCB2	客室空调断路器2		

2. Mp 低压箱内部电气

如图 5-2-2 所示，低压箱为中压低压配电箱，属于底架吊挂件，箱体内部包括断路器、继电器、端子排、接触器、熔断器、二极管、端子排、变压器、汇流母排、连接器等电气设备。

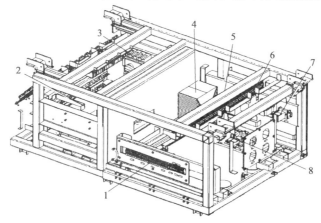

图 5-2-2 低压箱结构
1-断路器；2-TSK；3-BIS；4-稳压二极管；5-接触器；6-端子排；7-继电器；8-熔断器

3. Tc 车低压箱电气元件

Tc 低压箱主要安装了一些用于控制和保护的断路器、熔断器、接触器、低压检测继电器、列车供电接触器、连接器和变压器。具体参见图 5-2-3。

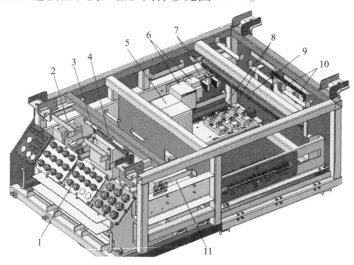

图 5-2-3 Tc 车低压箱电气元件
1-采用格兰头进线；2-蓄电池隔离开关；3-变压器；4-5 等级端子排；5-大功率二级管；6-接触器；7-继电器；8-熔断器；9-4 等级端子排；10-连接器；11-列车供电接触器

二、驾驶室左侧电气柜

1. 驾驶室左侧电气柜中所使用的缩略语如表 5-2-2 所示。

驾驶室左侧电气柜中使用的缩略语　　　表 5-2-2

缩略语	中文描述	缩略语	中文描述
ATO	列车自动驾驶	RST	车辆
ATC	列车自动控制	TMS	列车监视系统
ATP	列车自动防护	CAT5	5 类通信电缆
CPU	中央处理单元	HE	高度单位,1HE = 44.45mm
HMI	人机界面	TE	宽度单位,1TE = 5.08mm
OBCU	车载控制单元(地面信号系统)	VCU	车辆控制单元
OPG	测速传感器(里程脉冲发生器)	MVB	多功能车辆总线
PIS	乘客信息系统	HMIC	HMI 控制器
PSU	供电单元	MVB Service	MVB 维护接口
RCS	无线电通信系统		

2. 驾驶室左侧电气柜柜内部设备

CLEC 驾驶室左侧电气柜内的设备主要有信号系统的主机和网络系统的设备,包括 CC 机柜、VCU、HMIC、制动维护端口、MVB Service、端子排及连接器等设备。CLEC 柜面向驾驶室操作的设备包括 ATC、HMI 控制器及 VCU 主机等;面向客室侧操作的设备包括下部连接器、端子排及 MVB Service 等。设备在电气柜中的排布在图 5-2-4 ~ 图 5-2-6 中说明。

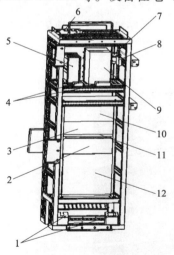 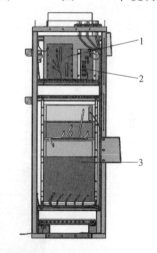

图 5-2-4　驾驶室左侧电气柜设备　　　　　图 5-2-5　电器柜驾驶室侧设备布置
1-下部连接器;2-OBCU-ATP;3-OBCU-ATO/TIF;4-端子排;　　1-VCU 主机;2-HMI 主机;3-ATC(正面)
5-HMIC;6-上部连接器;7-制动维护端口;8-MVB Service;
9-VCU;10-RCS;11-FAN;12-OBCU-DIS

(1)MVB 服务接口:用于专业人员维护使用,可实时读取 MVB 总线上的信息。

(2)VCU(列车控制单元)。

中央控制功能:控制和监测整列车的列车功能和电路。

牵引控制功能:控制和检测整列车的牵引系统。

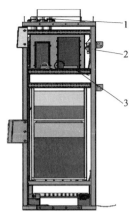

图 5-2-6 电器柜客室侧设备布置
1-上部连接器；2-MVB Service；3-端子排

(3) HMI 控制器：控制 HMI 显示屏的显示，提供声音报警输出，给 HMI 显示屏供电。

(4) OBCU 支架：用于安装各个 OBCU 设备。

三、驾驶室右侧电气柜维护

1. 驾驶室右侧电气柜布置

以列车编组形式：=Tc*Mp=Mp*Tc= 为例，每辆 Tc 车驾驶室右侧均配置一个电气柜（安装位置如图 5-2-7 所示），柜体与车体接口均采用螺栓连接。注：= 为半自动车钩；* 为半永久牵引杆。

2. CREC 驾驶室右侧电气柜内电气元件

如图 5-2-8 所示，CREC 内设备有：开关、按钮、断路器、继电器、接触器以及计时器、里程计、SKS、无线网桥、驾驶室控制单元和视频服务器。

图 5-2-7 驾驶室右侧电气柜布置
Tc-带驾驶室的拖车；Mp-带受电弓的动车

(1) 断路器

驾驶室右侧电气柜内断路器均布置于柜体活门上，主要依靠导轨安装固定。断路器布置如图 5-2-8 所示。

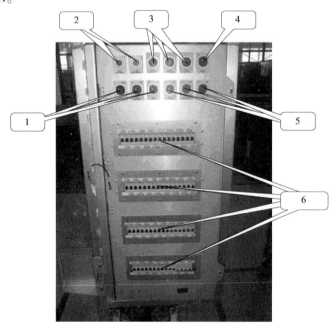

图 5-2-8 驾驶室右侧电气柜面板
1、4、5-开关；2-指示灯；3-按钮；6-断路器

低压断路器(俗称自动开关、空气开关、脱扣),是一种不仅可以接通和分断正常负荷电流和过负荷电流,还可以接通和分断短路电流的开关电器。低压断路器在电路中除控制作用外,主要具有电路保护功能,如过负荷、短路、欠压和漏电造成的过流保护功能。

低压断路器的分类方式很多,按使用类别分,有选择型(保护装置参数可调)和非选择型(保护装置参数不可调);按灭弧介质分,有空气式和真空式(目前国产多为空气式);按负载电流分,分为交流和直流。低压断路器广泛应用于低压配电系统各级馈出线,各种机械设备的电源控制和用电终端的控制和保护。轨道车辆控制电路常用断路器多为直流断路器,外形如图5-2-9所示。

图 5-2-9　断路器外形图

如图 5-2-9 所示,断路器中的 C10 指额定电流为 10A,注意断路器上端应接至电路的电源侧,下端为负载侧。

(2)继电器

在轨道交通车辆上,继电器一般不直接控制主电路或辅助电路,而是通过接触器或主、辅电路中的其他电器对主电路及辅助电路进行控制的。同接触器相比较,继电器具有以下特点。

①继电器触头容量小,采用点接触形式,没有灭弧装置,体积和重量也比较小。因此,继电器不能用于主电路及开断大容量的控制电路。

②早期轨道车辆多采用继电器完成各种列车控制及逻辑判断,由于继电器存在机械动作磨耗以及开关触点的腐蚀与粘连等常见故障来源。现代轨道车辆逐渐采用无触点继电器或列车网络完成车辆控制。继电器配合传感器能反应多种信号(如各种电量、速度、压力等),其用途很广,外形多样化,城轨车辆尚有风压继电器等部分继电器用于列车控制。

③继电器是一种电控制器件。它具有控制系统(又称输入回路)和被控制系统(又称输出回路)之间的互动关系。通常应用于自动化的控制电路中,它实际上是用小电流去控制大电流运作的一种"自动开关"。故在电路中起着自动调节、安全保护、转换电路等作用。对于继电器的"常开、常闭"触点,可以这样来区分:继电器线圈未通电时处于断开状态的静触点,称为"常开触点";处于接通状态的静触点,称为"常闭触点"。

④继电器主要由传动装置和触头(接点)装置组成。如图5-2-10所示。

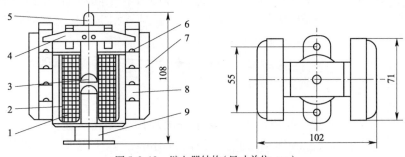

图 5-2-10　继电器结构(尺寸单位:mm)
1-线圈;2-磁轭;3-铁芯;4-衔铁;5-按钮;6-触头组;7-防尘罩;8-反力弹簧;9-支座

电气柜内层继电器布置如图 5-2-11、图 5-2-12 所示。

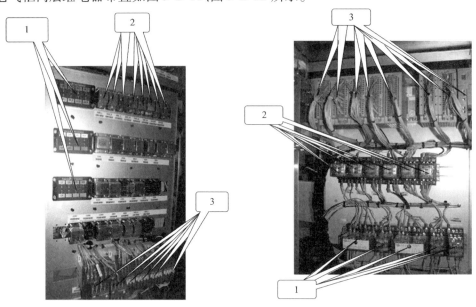

图 5-2-11　电气柜内层继电器及接触器
1-继电器显示模块；2-继电器；3-接触器

图 5-2-12　电器柜最内层设备
1、2-继电器；3-SKS 模块

（3）接触器

因为接触器可快速切断交流与直流主回路和可频繁地接通与大电流控制（某些型别可达 800A）电路的装置，所以经常运用于电动机，作为控制对象，也可用作控制工厂设备、电热器、工作母机和各种电力机组等电力负载。接触器不仅能接通和切断电路，而且还具有低电压释放保护作用。接触器控制容量大，适用于频繁操作和远距离控制，是自动控制系统中的重要元件之一。接触器需要关注的主要参数是工作电压，交流或直流，额定电流。安装接触器应注意极性以及正确的电源侧或负载侧。

注意区分接触器与断路器的不同，断路器多用于电路保护，而接触器多用于电路的接通与断开控制，接触器不能直接手工操作闭合/断开，接触器通常还有若干同步动作的"常开"，"常闭"辅助触点用于电路控制。常见三相交流接触器如图 5-2-13 所示，图中左侧可见辅助触点。

图 5-2-13　接触器外形图

在轨道车辆的电气系统中，接触器的型号很多，额定电流为 5～1000A，其用处相当广泛。接触器在电气柜内层布置如图 5-2-11 所示。

（4）端子排

端子排是电气系统中常见的器件之一，端子排的功能主要在于成为电气箱柜的线路接口，实现线路分支以及测试检查线路。除接线外，部分端子排还集成有二极管等功能元器件。使用端子排，应关注所连接线路的额定电流大小，以及接连接电线或电缆芯线的线规大小均应符合端子排规格。单片接线端子以及端子排外形如图 5-2-14 所示。

项目五 城市轨道交通车辆其他电气设备检修

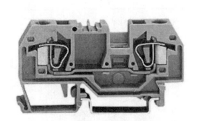

图 5-2-14 端子排外形图

（5）连接器

端子排是电气系统中常见的器件之一，功能与端子排类似，但有更好的防水防尘措施，使其可用于车辆外部等环境更为恶劣的场所。轨道车辆的电气连接器一般不用于连接分支线路，每个接触对（插头—插针）只用于连接单根线路。

连接器多用于车辆日常运用及检修中需要分离的设备线路，如车辆与车辆的端部之间，车顶空调机组与车体之间。电气连接器的拔插次数有限，特别是承载大电流的连接器，其拔插寿命只有几百次。由于大量采用插拔式连接，其连接的可靠性、接触点电阻的大小是轨道车辆中最为常见的电气小故障来源，因此必须对所采用的连接器的性能进行全面了解，以便合理正确地使用以及维护连接器。电气柜顶部连接器如图5-2-15所示。

图 5-2-15 CREC 柜顶部连接器插座图
1、2-连接器

3. 电气柜背面设备介绍

电气柜背面电气设备主要包括无线网桥、驾驶室广播控制柜和视频服务器等。

驾驶室广播控制机柜是广播系统的核心设备。其功能是完成广播系统的通信控制、音视频处理以及与车辆线的接口，完成系统内部故障的检测及系统的自诊断。

每个驾驶室放置一台视频服务器，分别用于媒体视频和用于监控录像。视频服务器为标准3U，19英寸机柜。内置两块硬盘，硬盘的容量为 $2 \times 500G$。视频服务器直接与以太网交换机相连。

四、客室配电柜维护

1. 客室配电柜主要功能和布置

客室配电柜作为客室配电使用，每辆车均配置一个客室配电柜，用于安装客室照明、广播、通信、车门的设备及相关控制电路。通常布置在列车客室二位端左侧（安装位置见图5-2-16），柜体与车体接口均采用螺纹连接。

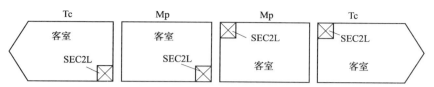

图 5-2-16 客室配电柜安装位置示意图

2. 客室配电柜内设备

客室配电柜内电气设备如图 5-2-17 所示。

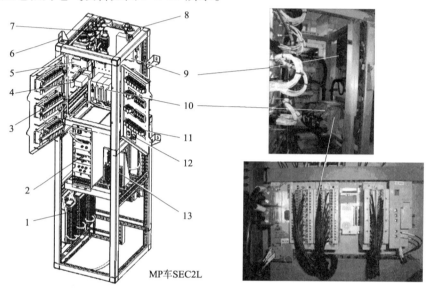

图 5-2-17 客室配电柜电气设备

1-端子排;2-客室广播主机;3-断路器;4-Smitt 继电器;5-接触器;6-端墙侧;7-上部连接器;8-侧墙侧;9-中继器(靠近侧墙侧安装板上);10-SKS(门板后方);11-Leach 继电路;12-开关按钮;13-下部连接器

SEC2R 柜布置在客室二位端的右侧,安装有空调控制盘和紧急通风逆变器,通常称之为空调柜,如图 5-2-18 所示。

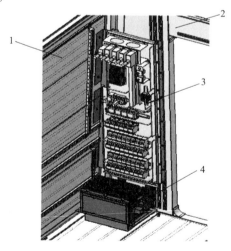

图 5-2-18 客室空调柜(SEC2R)电气设备
1-侧墙;2-端墙;3-空调控制盘;4-紧急通风逆变器

**任务实施**

一、中低压电气柜及电气箱检修项目及要求

1. 整体
(1) 内外清洁无异状。
(2) 各屏板及其各部件清洁无异状,安装牢固。各开关、继电器及配线符合要求。
(3) 柜门开关及锁闭良好。
(4) 柜内部标识清晰、准确。
(5) 接线端子排固定良好,外观及内部清洁,绝缘良好,标号清晰,配线良好,无破损。
(6) 驾驶室各屏柜接地线安装牢固,接触可靠。

2. 继电器
(1) 外观无异状,各部清洁。
(2) 安装正确、牢固,接线无松动。
(3) 触点无严重变形、过热及烧痕,接触良好。
(4) 各组件无变形、裂纹,作用良好。继电器及安装组件完好,无破损。
(5) 性能良好,动作灵活、可靠。
(6) 二极管及其他吸收元件安装牢固,无破损,功能正常。

3. 开关:空气开关、按钮开关、转换开关
(1) 各开关及安装组件外观无异状、破损、裂纹、变色、烧损。
(2) 安装牢固,位置正确,接线无松动。
(3) 动作灵活可靠、接触良好。
(4) 各开关标识清晰。
(5) 各开关功能正常。
(6) 侧屏开关门按钮换新。
(7) 紧急制动按钮开关换新。

二、检修案例

1. 低压电气柜的日检内容及技术要求
见表 5-2-3。

低压电气柜的日检内容及技术要求　　　　表 5-2-3

维 修 项 目	维 修 内 容	技 术 要 求	方　法
电气柜及内部设备	(1) 检查空气断路器	(1) 空气断路器在闭合位	目测
	(2) 检查铅封开关	(2) 铅封开关在正常位	目测
	(3) 检查柜门	(3) 锁闭标记无错位	目测

2. 电气柜的年检内容及技术要求
见表 5-2-4。

电气柜的年检内容及技术要求　　表 5-2-4

维修项目	维修内容	技术要求	方法
设备柜及内部设备	(1)检查设备主机	(1)无异常损伤、无松动	目测
	(2)检查空气断路器、旁路开关、按钮、指示灯	(2)无异常损伤,空气断路器、旁路开关位置正确	目测
	(3)检查继电器、接触器	(3)无异常损伤、无松动	目测
	(4)检查设备柜柜门	(4)锁闭标记无错位,柜体外表面无磕碰	目测
	(5)检查电器柜电缆、连接器、端子排	(5)无异常损伤、无松动	目测
	(6)清洁驾驶室设备柜	(6)无积尘	操作

任务考核

学习工作单

实训项目　城市轨道交通车辆中低压设备柜和底架电气箱检修

班级：　　　姓名：　　　学号：　　　时间：

一、知识总结

1. 熟悉各电器柜设备组成、作用和布置。

2. 简要说出中低压设备柜的年检程序。

二、操作运用

根据给出的电器柜检查作业指导,进行受电器柜状况检查并填写技术要求和检查结果。

序号	维修项目	维修内容	方法	工装工具材料	技术要求	检查结果
1	中低压设备柜	(1)清洁中低压设备柜	清洁操作	吸尘器,软毛刷,无纺布,电气清洁剂		
		(2)设备内电气部件检查	目测检查	—		
		(3)检查设备柜锁具和铰链	检查操作	扳手,螺丝刀		
2	底架各电气箱	清洁各电气箱,检查箱盖密封条	清洁操作 检查操作	软布,清洁剂,扭力扳手		

三、实训小结

_____
_____
_____

四、成绩评定

评价等级	表达能力	沟通能力	团队合作能力	实际操作能力	知识掌握能力
评价结果					

注：按照学生自评占10%、组内互评占10%、他组互评占20%、教师评价60%比例计分，其中：A-100分、B-85分、C-75分、D-60分、E-50分来折算。

五、指导老师评语

指导老师签字： 日期： 年 月 日

任务三 客室侧门检修

任务要求

1. 掌握客室侧门结构、作用及检修要求。
2. 会对客室侧门的主要电气部件进行维护和调试。

任务准备

1. 场地准备：城轨车辆实训室，多媒体教学。
2. 工具准备：兆欧表、扳手等。
3. 建议课时：4课时。

知识导航

一、客室侧门布置

客室侧门是旅客安全乘降列车的必备装置，具备保护乘客以及隔热、隔声的功能。为便于大量乘客快速上下车，均采用双扇对开的形式。客室侧门均匀地分布在列车两侧，载客量大的地铁，车门数量最多。A型地铁车辆每侧有五套门，B型地铁车辆每侧有四套门，载客量略少的轻轨或市域快轨车辆每侧有三套门或两套门。客室侧门位置如图5-3-1所示。

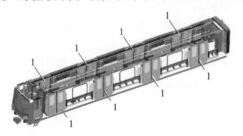
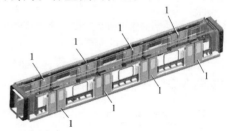

a) A型地铁车辆　　　　　　　　　b) B型地铁车辆

图5-3-1 地铁列车客室侧门位置图

列车客室侧门数量众多,为便于司机操作和日常检修,各套门需按一定规则编号,具体参考随车交付资料,编号示意图如图 5-3-2 所示。

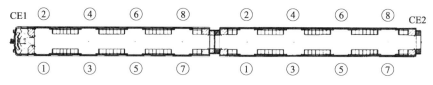

图 5-3-2　地铁列车客室侧门编号示意图

二、客室侧门结构

客室侧门是城市轨道交通车辆数量最多,使用最频繁的主要部件之一。根据安装以及机械结构的不同,城轨车辆的客室侧门一般分为内藏门、外挂门和塞拉门三类。现代城轨车辆多采用电动电控的客室侧门,少数车型采用气动电控或气动气控。每套客室侧门的配有一个门控单元 DCU 负责控制车门动作,采集车门的相关故障与状态参数,并将这些信息传递给列车网络 TMS。一个典型的电动电控客室侧门结构如图 5-3-3 所示。

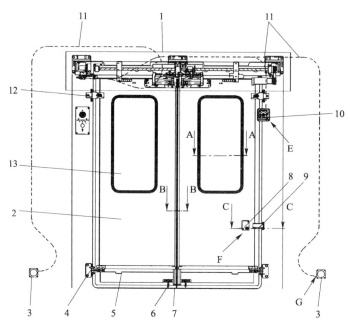

图 5-3-3　电动电控客室侧门结构图

1-驱动单元;2-门扇;3-外解锁;4-滚子摇臂;5-下部导轨;6-止动销;7-护指橡胶;8-车门隔离装置;9-限位开关;10-紧急解锁(内);11-电缆;12-支撑滚子;13-玻璃

车门控制单元与驱动机构安装在车门上部,固定在车体侧墙之上,正常使用时,车门驱动机构隐藏在车门罩板之内。车门驱动机构如图 5-3-4 所示。

三、开关门操作方式

1. 开门与关门操作

客室侧门由司机集中操作开门/关门,驾驶室操作台上的"门模式选择"有 4 种模式。

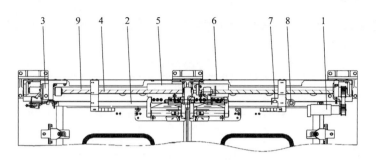

图 5-3-4 车门驱动机构

1-电机;2-顶部导轨;3-制动单元;4-丝杠;5-滚轮;6-"车门锁闭"限位开关;7-电源开关;8-报警蜂鸣器;9-导杆

1) 自动开/自动关

列车到站停稳后,由 ATO 自动发出开门/关门指令到各门控单元,司机不操作任何开关门按钮。

2) 自动开/手动关

列车到站停稳后,由 ATO 自动发出开门指令,而司机操作关门按钮将关门指令输入 ATO,由 ATO 输出关门指令到各门控单元。

3) 手动开/手动关

列车到站停稳后,司机操作开/关门按钮将开/关门指令输入 ATO,ATO 输出开/关门指令到各门控单元。

4) 关闭/OFF

ATO 或 ATP 单元故障时需打到此位,司机操作开/关门按钮将开/关门指令直接输入各门控单元。

车门模式选择开关如图 5-3-5 所示。

图 5-3-5 车门模式选择开关

2. 防夹功能与再关门操作

再关门操作用于个别客室侧门启动"防夹"功能后再次关闭车门。当门控单元接收到关门指令,当某对门扇在关闭过程中夹住乘客或异物而不能正常关闭时,该门的门控单元可重复关门若干次(重复关门次数可调节)以便排除障碍物。若障碍物不消失而妨碍该门关闭,该门将保持在半开状态,以便车站或列车乘务员处理。

司机可根据关门指示灯判断列车所有客室侧门均已关闭到位,如果个别客室侧门未完全关闭到位,此时司机可操作"再关门"按钮,使门控单元再次接收关门命令,所有门控单元将检查所负责车门的状态,对于没有关闭的门将再次执行关门程序和障碍检测功能,已经关闭的门不动作。直至确认所有客室侧门均关闭到位,列车可以正常发车。

四、客室侧门控制原理

前述介绍了列车客室侧门的操作方式与功能,是由门控单元 DCU 来直接控制所负责的客室侧门的开/关,通过驱动门电机带动丝杠正转/反转(电动门)或控制相关电磁阀(气动门)实现开关门。

全列车所有门控单元均接收并执行司机硬线操作指令与或列车网络指令来开/关门,采用网络优先、硬线备份的原则。列车客室侧门控制硬线一般包括三条:开门列车线、关门列车线、门使能列车线。门控列车线带DC110V电时为状态"1",不带电则为状态"0",车门状态逻辑表如表5-3-1所示。

车门状态逻辑表　　　　　　　　　　　　　　　　　　　表5-3-1

门 使 能	开 门	关 门	门 状 态
0	0	0	关闭
0	0	1	关闭
0	1	1	关闭
0	1	0	关闭
1	0	0	保持
1	0	1	关闭
1	1	1	关闭
1	1	0	开门

门使能列车线的状态是由预先商定的各个列车状态,按照一定的逻辑关系而决定的。比如列车零速信号,即确认列车完全停止状态。牵引零位状态、制动保持状态等,这些可以查看随车交付的列车原理图,推断得知客室侧门在满足哪些条件之后才可以"使得车门能够"打开。从表5-3-1可以看出,客室侧门只有在相关条件完全满足,且不存在错误逻辑的状态下才能正常打开。

五、客室侧门维护

客室侧门除在运营中正常开/关之外,还设置了不同目的维护功能。

1. 隔离开关

隔离开关用于隔离故障车门,由司机或乘务人员在车内用专用钥匙操作。参见图5-3-3电动电控客室侧门结构图中件8车门隔离装置。

2. 紧急解锁

紧急解锁用于在客室侧门电气控制完全失效的情况下,手动紧急解锁并推开客室侧门,每套客室侧门均配有在客室内操作的内紧急解锁装置。每辆车在车体两侧也各设置一套外紧急解锁装置,以便维护人员或救援人员从列车外部打开车门。可参见图5-3-3电动电控客室侧门结构图中件10紧急解锁(内)。

3. 维护按钮

为便于单个客室侧门的检修调试工作,每个车门门控器上设有维护按钮,若门处于关闭状态,按下维护按钮,该门打开,再次按下,该门关闭。用维护按钮进行开关门时,车门的打开与关闭都没有延时。同时,操作维护按钮可初始化车门电机电流曲线。需要注意的是,在车门没有"门使能"或"零速"信号时,操作维护按钮无法打开车门。

任务实施

一、客室侧门电气维护

检查车门指示状态,分别操作驾驶室左侧或右侧的开启和关闭车门按钮,开启或关闭全列各客室侧门,同时检查司机显示屏上各客室侧门的状态指示。如果显示有故障消息,请检查并修理故障客室侧门。

1. 测试"车门锁闭"限位开关的功能

如图 5-3-6 所示,操作关门按钮关闭客室侧门,在关门过程中,将模拟人类手指大小(例:25mm×60mm)的障碍物放置在门扇胶条之间,距地板面的高度在 400mm 左右。当左右两扇门页挤压到障碍物时应该立即重新开启,即执行防挤压功能,在这个过程中,可能没有车门关闭信号。

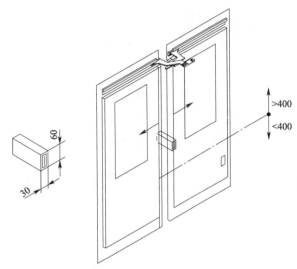

图 5-3-6　车门防挤压功能测试(尺寸单位:mm)

2. 测试"车门隔离"限位开关的功能

将客室侧门关闭并接通该门的电源,用客室侧门专用钥匙,将"车门隔离"开关拧至"停用"(或"隔离")位,车门的状态指示灯应点亮,通常为红色。检查司机显示屏,确认该门状态显示为"停用"(或"隔离")。如不能正常指示或显示,应检查"车门隔离"限位开关是否正常动作,必要时可更换故障开关。

3. 对车门控制单元 DCU 的 EPROM 重新编程

断开待维护客室侧门的电源,消除操作者及车门控制单元 DCU 所携带的静电。

断开该车门控制单元 DCU 的各个电气插头,严禁带电拔插车门控制单元 DCU。

拆下车门控制单元 DCU,使用笔记本电脑和客室侧门供货商提供的维护软件对 EPROM 重新编程。

完成重新编程后,将车门控制单元 DCU 安装回原处,恢复各电气插头的连接,接通客室侧门电源,开始测试如下功能:

当门扇处于锁闭位置时,客室门将保持锁闭,等待进一步的动作命令。

当门扇未处于关闭位置且客室门以开启或关闭方式激活时,车门控制单元 DCU 监测不到客室门的位置。此时 DCU 将启动一段初始化程序:以较低的速度关闭门扇,直至达到锁闭位置,在此期间的障碍物检测有效。

如果检测到障碍物,客室侧门将重新开启,直到达到完全开启的位置,然后车门将以较低的速度关闭门扇,直到达到锁闭位置,其后完成初始化,客室侧门将以正常速度开启或关闭。

执行若干次开门命令,检查客室侧门开门的相关动作与到位指示情况。

执行若干次关门命令,检查客室侧门关闭的相关动作与到位指示情况。

检查并最后确认所重新编程的软件版本与门控单元 DCU 粘贴的软件版本修订标签相一致且正确。

二、客室侧门电气检修提示

(1)严禁带电拔插车门控制单元 DCU。

(2)注意防止列车意外移动。

任务考核

学 习 工 作 单

实训项目　客室侧门结构认识与检修

班级:　　　　姓名:　　　　学号:　　　　时间:

一、知识总结

1. 客室侧门在城市轨道交通车辆上有什么作用?

2. 写出客室侧门的主要部件。

二、操作运用

操作演示重新编程客室侧门控制单元 DCU 软件(在轨道交通实训室客室侧门实物实操区域中操作演示)。

三、实训小结

_____
_____
_____

四、成绩评定

评价等级	表达能力	沟通能力	团队合作能力	实际操作能力	知识掌握能力
评价结果					

注:按照学生自评占 10%、组内互评占 10%、他组互评占 20%、教师评价 60% 比例计分,其中:A-100 分、B-85 分、C-75 分、D-60 分、E-50 分来折算。

五、指导老师评语

指导老师签字:　　　　　　日期:　　年　　月　　日

项目六　城市轨道交通车辆电气设备故障检修案例

城市轨道交通车辆电气设备发生故障的频率高于机械设备,本项目主要介绍了城市轨道交通车辆电气设备如司机控制器、受电弓、VVVF 主逆变器、辅助逆变器、蓄电池及充电机等的故障处理案例,以及车门显示灯、微型断路器、空调系统空压机无法启动、风机继电器、辅助供电系统等方面的故障处理案例。

城市轨道交通车辆作为典型的机电一体化复杂装备,故障检修同样遵循诊断、修复、整改的三步流程。而车辆电气系统繁杂与城市轨道交通车辆频繁操作的两个特点,使得城市轨道交通车辆电气系统故障表现在:元器件机械动作不良、传感器失效,而线路接触不良或接地短路是大多数偶发故障的原因。

电气故障处理主要难在诊断过程,故障诊断分析的思路是本课程学习的重点,熟悉电气原理图是基础。城市轨道交通车辆整车级的电气系统仍然是由最为简单的"开关控制"与"串并逻辑"所组成,具备初中物理基础就能理解掌握,电气元件与线路如此组成的系统简单而可靠,也便于故障诊断。如表 6-0-1 所示是常见电器符号中英文对照表。

电器符号表　　　　　　　　　　　　　　　表 6-0-1

常见原理图代号	中文名称	备注
VVVF	牵引逆变器	日系、西门子
ACM	牵引逆变器	庞巴迪
SIV	辅助逆变器	日系、国产
ACM	辅助逆变器	庞巴迪
HB/HSCB	高速断路器	日系
BHB	母线断路器	日系
TMS	列车监视系统	—
TCMS	列车监控系统	—
PTU	便携式检测装置	—
LB	线路接触器	—
OBCU	(地面信号)车载控制单元	西门子

案例一　受电弓故障处理

故障　司机显示屏显示单弓未升起

1. 故障现象

正常操作受弓开关至升弓位,列车管理系统的司机显示屏显示故障报警(图 6-1-1),车外察看司机显示屏所显示故障为:受电弓未正常升弓。

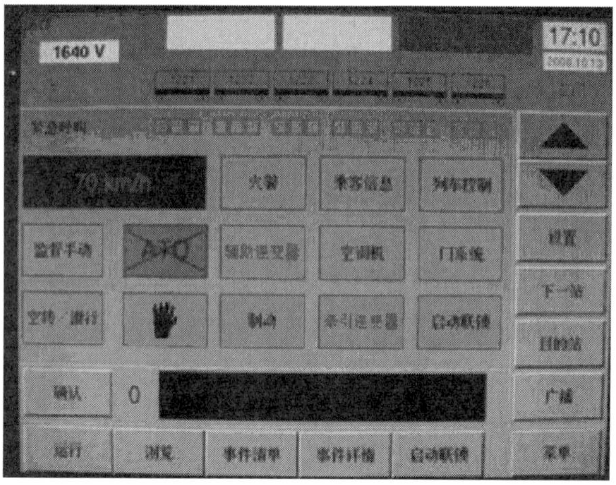

图 6-1-1　MMI 屏幕显示受电弓单弓未升起故障信息

2. 故障分析

受电弓正常升弓工作的条件:有压缩空气所提供动力,相关升弓电磁阀正常得电并动作。

3. 故障排查

(1) 检查受电弓相关电磁阀控制电路是否有电,检查"受电弓主控"断路器、受电弓控制相关电路的开关、触点、线路。

(2) 检查受电弓相关电磁阀是否有风,查看驾驶室驾驶台风压表是否有压力显示,故障受电弓的阀箱是否有风,附属管路是否有泄漏点,然后检查受电弓升弓电磁阀。

4. 故障处理

(1) 闭合驾驶室电气柜中的"受电弓主控"断路器,如不能正常闭合,说明断路器本身或关联线路有短路或接地问题,对照电气原理图逐一排查。

(2) 检查故障受电弓的控制阀箱,对照电气原理图,逐一排查升弓相关电磁阀线圈能否正常得电或失电。

(3) 检查升弓相关电磁阀的相关管路中的风压是否在正常范围内,电磁阀阀体本身及所连接的管路是否有泄漏。

受电弓常见故障分析与处理总结见表 6-1-1。

受电弓常见故障分析处理　　　　　　　　　　　　　　　　表 6-1-1

故障描述	产生原因	处理建议
碳滑板磨损过快	接触压力过大	检查静态接触压力是否正常,受电弓动作风缸的气压是否正常
碳滑板出现凹槽	接触网有异常	通知供电部门,加强接触网的检查
弓头拉弧	(1)碳滑板表面不平整; (2)弓头接触压力过小; (3)受电弓供风不足; (4)碳滑板磨耗到限	(1)打磨碳滑板表面; (2)调整升弓弹簧装置,使接触压力在正常范围内; (3)检查供风回路,确保气压在正常范围内; (4)更换碳滑板

案例二　VVVF故障处理

故障一　牵引逆变器、辅助逆变器故障（接触器单元故障）

1. 故障现象

司机报告司机显示屏显示某列车牵引逆变器和辅助逆变器各有一个中级故障。若干分钟后司机重启列车，故障仍然存在；再过若干分钟，该车牵引逆变器和辅助逆变器出现严重故障，退出服务回厂。

次日，司机显示屏显示该车牵引逆变器故障，无故障等级显示。几分钟后轮值工程师通知技术人员上车检查，确认为外部风扇启动顺序故障信息，外部风扇全速运转，列车可维持正常运营服务，至运营结束。

2. 故障判断处理

该车于当天白天回库，检查司机显示屏显示多次牵引逆变器和辅助逆变器的散热器过热的故障，检查测量外部风扇电机绕组，发现电机绕组相间电阻阻值有差异，更换了外部风扇，更换后试验风扇能转动。到晚上，又发现该车的牵引逆变器和辅助逆变器故障。检查发现外部风扇电机绕组烧损，测量接触器单元的全速继电器的常开联锁导通，进一步检查发现为继电器机械卡位所致。随后更换了外部风扇和接触器单元，试验正常。

第三天凌晨，该车回库后，检查司机显示屏故障记录为该车外部风扇启动顺序错误。察看高压设备箱，外部风扇全速运转，复位牵引逆变器和辅助逆变器无效，用软件强制全速停止无效。检查接触器单元，把接触器的辅助触块拆下，测量接触器各联锁逻辑正常，重新安装后试验故障消失，半/全速运行正常。判断为接触器单元的半速继电器机械作用不良所致。

3. 故障原因

（1）接触器单元的全速继电器机械卡位导致外部风扇相间短路烧损。
（2）接触器单元的半速继电器机械作用不良。

故障二　单车牵引无流

1. 故障现象

车辆牵引系统单车牵引无流，导致列车需要报修、扣修。

2. 故障判断处理

司机报正线某车牵引无流，检修人员接报后，先期预判断有下列两种原因：VVVF主逆变器故障或HSCB高速断路器故障。准备好处理故障需要的工具材料：车辆原理图纸、PTU（便携式检测装置）、数据线、手电、驾驶室钥匙、工具和万用表。

检修人员到达现场后，首先用PTU下载了故障车的运行记录及故障记录、TMS列车控制系统和VVVF主逆变器数据。其中TMS和VVVF均没有报任何故障。随后又在两端驾驶室分别进行试车，TMS显示HSCB高速断路器"ON"（闭合），故障现象仍存在，因此排除了HSCB高速断路器故障的因素，初步诊断为VVVF故障。

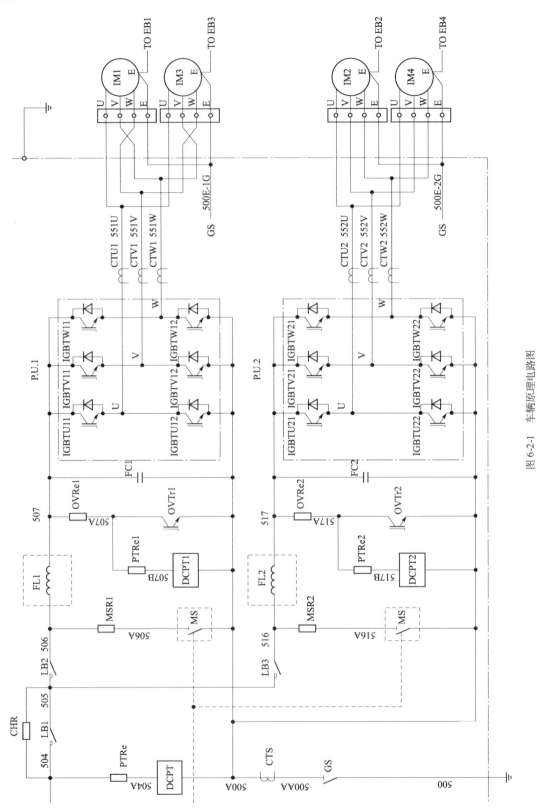

图 6-2-1 车辆原理电路图

检修人员首先怀疑VVVF系统内逻辑控制板故障，因此将2号车的逻辑控制板与4号车的进行对调，发现故障并未转移至2号车，因此排除了逻辑控制板故障的因素。

通过初步分析牵引系统主回路图纸（图6-2-1）：LB2、LB3不吸合也可造成单车牵引无流的现象，于是将司控器手柄推至牵引位，在该车VVVF箱体旁边听LB2、LB3吸合的声音，结果吸合正常，LB2、LB3故障的因素也被排除。

继续检查发现列车该车的受流器均未搭在三轨上，故怀疑该车所在的VVVF单元被分割开，BHB母线断路器无法起到母线重连的作用。由于正常情况下BHB母线断路器的启动条件为网压在450~500V且列车速度不小于5km/h（图6-2-2），静态试验无法满足。但BHB母线断路器有试验按钮，可以使BHB母线断路器短暂投入使用。于是利用该试验按钮进行试车，该车仍然牵引无流，推翻了该车VVVF单元不能正常工作的推论。

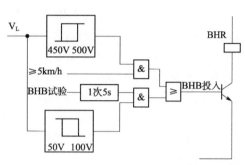

图6-2-2 BHB母线断路器控制电路图

根据HSCB高速断路器通断条件，HSCB高速断路器的吸合前首先要通过HBK闭合才能实现，于是将司控器手柄推至牵引位，听HBK闭合的声音来判断是否为HBK不动作导致故障，结果发现HBK能够正常闭合。通过驾驶台的"控制复位"按钮反复试验，看HBK是否存在卡滞现象，此时发现在按下"控制复位"按钮后，箱体内并未发出HSCB高速断路器触头脱扣的声音，因此判断故障点在箱体内。打开箱体后，发现HSCB高速断路器主触头并未完全脱扣，卡滞在偏向吸合的一侧，但又不能使HSCB高速断路器连入主电路。TMS误判断HSCB处于导通状态，故显示为"ON"，因此断定此故障是由于HSCB高速断路器主触头卡滞引起的。修复后试车正常。

3. 故障原因分析

HSCB高速断路器是由赛雪龙公司提供的UR6型产品，由于辅助触头在吸合后并未完全脱扣，TMS误认为HSCB高速断路器一直处于导通状态，故显示为"ON"，而实际上该车主回路处于开路状态，造成单车牵引无流。

列车HSCB高速断路器设计通过电流范围为1800~3200A，但在实际运营过程中瞬时电流可能超过规定值，主触头在分断超过范围的电流时难免受到损伤，久而久之造成触头部分受到电弧灼烧，并与其他部分粘连，最终导致辅助触头卡滞，无法正常吸合与脱扣，造成TMS显示闭合，而实际主触头未闭合的故障。

4. 案例处理优化分析

在本故障的诊断过程中，检修人员仅凭借TMS列车控制系统显示的HSCB高速断路器状态就排除其故障的可能性这一判断是不妥当的；将TMS列入故障因素是不正确的。TMS系统对其他系统进行状态监视而不去影响其他系统的工作。

建议首先通过牵引试验与控制复位检查主回路通断情况，判断HSCB是否能够正常吸合与脱扣，其次运用故障转移法更换VVVF箱体内的逻辑控制板，判断是否为电路板故障。

处理故障时，首先要了解牵引控制电路的工作原理，这样处理故障时才能减少盲目性，很快找到关键的问题切入点，避免走弯路，取得事半功倍的效果。否则就会做很多无用功，既费时又费力,事倍功半。造成单车牵引无流的原因可能有很多,通过牵引控制回路以及逻辑控制电路进行逐一排除,最后查找到故障的直接原因。本案例中,由于误相信了 TMS 列车控制系统上显示的 HSCB 高速断路器状态信息,导致前期做了很多无用功。此次故障后,对于今后类似情况,首先应验证 TMS 列车控制系统中信息的准确性,然后根据电路图一步步进行分析和排查,最终将故障排除。

在处理故障过程中,若无相关的图纸资料以及技术参数时,可先通过对比法比照其他车组的参数值来定性的判断故障点,不要轻易就采用故障转移法来查找故障,以免造成次生故障,甚至将故障扩大化而殃及好车。

本故障诊断过程及其方法具备典型性,检修人应系统地采用"望、闻、问、切"四类不同的感知方法查找车辆电气子系统可能的故障点。

(1) 望:即检查 TMS 列车管理系统的记录,察看故障相关元件、线路的外观是否正常。

(2) 闻:即用耳朵听开关、接触器类元件的动作声音,风扇等正常工作的声音;鼻子嗅有无烧损、泄漏造成的异味。

(3) 问:即询问驾乘人员故障发生前后的现象,"问"不到,"闻"与"切"也够用。

(4) 切:即故障相关控制、主回路的通电动作测试,结合"闻"的手段,再"高级"一点的电压、电流测试足够诊断出绝大多数电气故障。

5. 故障整改

由于 HSCB 高速断路器本不属于易损部件,在日常的日检、列检中也不便于检查,今后在月修修程中将其作为定期检查项目,以保证运营安全。

案例三　辅助逆变器故障处理

故障一　辅助逆变器严重故障(外部风扇反转)

1. 故障现象及发生经过

某日上午某列车待发车时,TMS 列车控制系统司机显示屏上显示一个辅助逆变器严重故障。运行若干分钟后,显示辅助逆变器恢复正常。正常运行若干分钟后,又显示一个辅助逆变器严重故障。再过若干分钟后,司机重启辅助逆变器后恢复正常。

后某车显示辅助逆变器严重故障,该车两端空调系统不能启动,同时显示该列车某节车辅助逆变器散热片故障。列车行驶若干分钟后,司机重启辅助逆变器恢复正常。

由于多次出现辅助逆变器严重故障现象,为避免事态进一步扩大,中午行调安排车辆段开行备用列车,随后该列车安排回厂检修处理。以上故障,行调均已通知 DCC 调度中心的轮值工程师。

2. 故障判断处理过程

该列车入库,检查司机显示屏显示该节车辅助逆变器散热器过热,造成辅助逆变器隔离。检查辅助逆变器散热器温度传感器阻值正常,各连接插连接良好;打开高压设备箱下底板,检查辅助逆变器散热器风道无堵塞现象,检查该车辅助逆变器外部风扇输入输出信号反馈良好,随后做高压试验,比较该列车相邻两节车辅助逆变器散热器温度,发现故障车辅助逆变器外部风扇已进入全速状态,但散热器温度仍上升很快,进一步检查发现全速状态下出风口通风量很小,最终确认外部风扇全速接线接反造成全速状态下风机反转。更换辅助逆变器模块和风扇控制单元各1个,故障排除。

3. 故障原因总结

辅助逆变器外部风扇全速接线接反造成全速状态下风机反转,散热器通风量不足,温度持续升高,导致辅助逆变器隔离。

故障二 辅助逆变器故障(升弓后电压降低)

1. 故障现象及发生经过

检修人员对某列车进行辅助逆变器继电器整改作业后,升弓,发现司机显示屏上的电压值从1600V一直往下落,直到0V,同时司机显示屏上显示AUX辅助逆变器闪红报警。

2. 故障判断处理过程

发现故障几分钟后上车检查,发现为该车的辅助逆变器故障,详细信息为:IGBT2绝缘栅双极型晶体管、IGBT4、IGBT6反馈故障各一次,辅助逆变器被隔离。重新分合该车的3F10、3F11继电器后故障依旧。重新分合该车的3S01,在未升弓时司机显示屏未报故障,升弓后司机显示屏上的电压从1600V左右一直下落到0V,故障详细信息同上。同时在1101端观察司机显示屏上电压指示正常,维持在1600V左右。

升弓情况下,在车下检查该节车高压设备箱内的辅助逆变器,确认其控制单元主板上指示灯正常,内部风扇正常,外部风扇不工作。重新升弓,能听到辅助逆变器的充电接触器和分离接触器依次闭合,然后马上又断开的声音,外部风扇始终未工作。降弓并做好防护,检查从辅助熔断器到辅助逆变器接触器的高压回路通路正常。用DCUTERM软件检查分离接触器和充电接触器反馈情况正常。更换了控制单元主板后故障依旧。更换整个辅助逆变器模块后升弓,检查故障消失。

3. 故障原因总结

司机显示屏上的电压指示由本半组车辅助逆变器电压检测电路提供,由于辅助逆变器的IGBT反馈故障并隔离后分离接触器和充电接触器分开,加到辅助逆变器上主回路电压被放电,使得司机显示屏上的指示电压从1600V左右一直下落到0V。排查主回路通路的相关接触器、熔断器等可能断点,再用替换法找到故障点为辅助逆变器模块。

对于辅助逆变器模块等高价元件或部件时,不宜轻易使用替换法排查故障,要尽可能地放在最后排查,否则容易造成故障扩大。

故障三 辅助逆变器故障(输出三相不平衡)

1. 故障现象及发生经过

某天早上,某列车公庙上行,该列车某节车的辅助逆变器红闪,每节车厢只有一个空调机工作,运行到下一站时该节车的牵引逆变器红闪,司机到达总站后重启列车,故障消失,继续运营。为保险起见,轮值工程师要求将该列车换回车辆段检查。

2. 故障判断处理过程

回库后,检查司机显示屏故障信息,显示发生故障的车显示"三相不平衡"故障。检查该节车详细的故障记录,"三相不平衡"故障出现三次,辅助逆变器隔离1次,重启列车后故障消失。在库内做负载试验,在空调负载启动过程中,当辅助逆变器的IPH电流值达到约85A时,出现"三相不平衡"故障,辅助逆变器执行软关闭后软启动,此时故障消失,辅助逆变器工作正常,负载启动正常。负载试验共做4次,其中2次出现此类故障,2次启动工作正常,但辅助逆变器的IPH光生电流值仅为85A左右。比较另一单元的辅助逆变器的IPH光生电流值为112A,其他车的辅助逆变器的IPH光生电流值约为110A。切断部分空调负载后,故障没有出现,检查380V电路线路,无异常。更换辅助逆变器模块后故障消失。

3. 故障原因总结

(1)辅助逆变器电流传感器故障,感应的电流失真。

(2)牵引控制单元故障。

案例四 蓄电池故障处理

故障一 蓄电池反接

1. 故障现象及发生经过

进行某列车三月检时,发现该列车某节车蓄电池开路电压只有85V,进行蓄电池单节电压测量,其中第9组电池电压只有1V,每个单节0.2V左右。

2. 故障判断处理过程

晚上确认此故障时,发现该列车某节车主蓄电池第九组电压上升到5V(每个单节1V左右),但测量第十组和第九组串联电压为1.4V,而此时第十组电池电压为6.6V,另外也发现第九组电池的不锈钢槽上标签与其他槽标签不一致(应贴在箱体外侧),确认是第九组电池极性接反。经检修人员确认,对第九组蓄电池进行了更换,故障消除。

3. 故障原因总结

由于该列车某节车主蓄电池在装配过程中工作失误,导致第九组蓄电池与其他蓄电池反接,主蓄电池电压偏低,同时在后续的检测中未能及时发现、处理。

故障二 蓄电池充电机严重故障(缺少15V电压)

1. 故障发生经过

中午某列车司机显示屏显示一个DC/DC严重故障,行调立即将故障情况向轮值工程师通报。轮值工程师通知OCC运营控制中心行调人员:上述故障经跟车的车辆技术人员处理后仍无法恢复正常,为避免故障进一步恶化而扩大影响,建议换车。

2. 故障判断处理过程

故障列车入库后,检查该列车某节车蓄电池充电机故障代码为缺少15V电压,检修人员根据故障现象针对性更换SV74电子板,故障不能消除,推测为充电机模块内部15V电源故障;之后,检修人员更换了一个充电机模块,蓄电池充电机恢复正常工作。

3. 故障原因

充电机模块内部15V电源故障导致蓄电池充电机故障。

故障三 蓄电池充电机严重故障(无高压电输入及 PGU 单元无工作电压)

1. 故障现象及发生经过

某天晚上,某列车两个蓄电池充电机故障,经车辆人员跟车处理,通过断合该列车某节车相关充电继电器后该蓄电池充电机恢复正常,而该列车另一节车蓄电池充电机一时无法修复,列车退出服务。

2. 故障判断处理过程

第二天,该列车按计划转为三月检列车,停时 3d。几天后会同部件厂商的检修人员对该列车进行了检查,发现该列车某节车蓄电池充电机故障代码为 -1,为无高压电输入,按线路查找发现该列车另一节车 PH 箱中蓄电池充电机熔断器烧损,为过电流保护。之后,对整个该节车蓄电池充电机的充电线路进行了检查,发现蓄电池充电机输出变压器绕组绝缘已很低,决定更换变压器。在更换变压器的同时,发现蓄电池充电模块上过压保护电路个别元件有烧熔迹象,再考虑蓄电池充电机输出变压器过流接地会对开关元件造成一定的损坏,决定更换掉蓄电池充电。更换完成后,通电检查该节车蓄电池充电机仍不能正常工作。第二天,通过检查整个接线线路,并更换了 PGU 等插件,故障仍不能消除,故障代码为缺少供给 PGU 单元工作的电压。第三天,因已到修程结束的时间,通过协商决定更换整个该节车蓄电池充电机。更换后并于当天下午 14 时试验,蓄电池充电机工作正常,之后列车上试车线动调,晚上入库,完成三月检作业交车。

3. 故障原因

蓄电池充电机输出变压器绕组绝缘破坏,导致变压器接地过流,并进而引起充电模块烧损和蓄电池充电机熔断器烧损。

蓄电池常见故障总结如表 6-4-1 所示。

蓄电池常见故障原因及处理方法总结 表 6-4-1

故障现象	故 障 原 因	建 议 处 理 方 法
容量降低	电解液使用时间过长,碳酸盐含量太高	更换新的电解液
	采用电解液不当,比例偏大或偏小	更换实用的电解液
	电解液量过少,露出部分极板	补充蒸馏水或相对密度低的电解液并调整相对密度,然后过充电
	电解液中有害杂质过多	清洗后更换合格的电解液
	充放电制度不当,如深度放电或充电效率低,容量没有得到及时恢复	改用适当的充放电制度
	蓄电池正、负极板物质脱落或掉进导电物质,形成内部短路	若为正、负极板物质脱落、沉淀,需要换电解液;为其他原因,应拆开上盖或底盖酌情处理
	仪表使用不当	校正仪表
	外部接触不良或短路	清扫处理
电压不正常	蓄电池内部短路、断路或无电解液	更换电解液,或拆开上、下盖检查修理
	接触点接触不良或断开	检查接触点及跨接板、导线的接触情况

案例五 车门系统故障处理

故障一 关门指示灯不亮(EED线插松动)

1. 故障现象及发生经过

某天上午,某列车运行到某站时,列车客室门关好后,关门指示灯不亮,列车不能牵引,但司机显示屏显示车门状态良好,无法确认故障车门的位置,司机在经行调同意后确认车门关好的情况下按压"强行开门"按钮后动车,到达下一站后故障仍然存在,OCC运营控制中心命令该列车不载客运行到备用线抢修。此故障造成列车晚点1列,停运1列,清客1次,大间隔1次(超过35min),下线1列。

2. 故障判断处理过程

接到OCC运营控制中心行调的通知后,检修人员立即对该列车对故障进行分析。根据故障现象,先从两端的A车设备柜检查A车的车门相关继电器状态是否正常,确认正常后,开始检查B车和C车对应关门指示灯不亮同侧的最后一个客室门紧急开门装置(EED)上的线插1号端口是否有电,发现该车18/20门的EED上的线插1号端口无电,于是将这一侧的客室门的EED上的线插逐一检查,检查到该车10/12门时,用手将线插重新紧固一下后(此时EED线插外观是正常的,既没有松脱),关门指示灯亮,故障排除。

3. 故障原因

故障原因是该车10/12门的EED线插松动,接触不良,造成关门指示灯(绿灯)不亮,列车牵引封锁。由于关门指示灯(绿灯)是由每个车门及继电器等串联起来的硬线回路进行控制,而司机显示屏显示的车门状态及因车门未关好启动联锁的信号是由EDCU控制单元的。另外两根信号线传输,关门指示灯与司机显示屏是通过两条相互独立线路进行控制,各自通过不同的方式对门的状态进行监控。所以当司机显示屏对门的监控信号回路正常的情况下,即使关门指示灯的硬线控制回路中断,司机显示屏显示的车门状态仍是正常的。

设计列车控制电路时,硬线控制是作为网络失效时的备用或降级使用而展开设计的。列车网络能采集并显示的故障信息来自于车门、牵引、制动等自身的控制单元。对于上述故障中未被门控单元采集的故障点,只能通过手工排查确定位置。这也同样提示检修人员如何根据电气原理图与故障现象推断可能的故障点,而对于连接器、接线端子等可能的接触不良点或断点需要重点关注。

故障二 关门灯不亮,紧急制动(紧急疏散门旁路电路失效)

1. 故障现象及发生经过

某天晚上某列车出站后,司机报该列车某端ATO列车自动运行系统按钮失效,改SM模式后产生紧急制动,司机以RM模式动车;收到速度码后以ATO自动运行模式驾驶,司机报再次产生紧急制动,行调通知司机以RM模式动车进入下一站;到站后司机在该站报右侧关门指示灯闪灭,司机确认无车门故障信息显示;行调通知司机在该站重启ATP自动保护后无任何故障信息显示,该站动车后列车再次产生紧急制动,行调通知司机 RM 人工驾驶模式动车进入下一站;该站动车后司机报速度超过 30km/h 就会产生紧急制动,司机报显示该列车某节车门严重故障,但未显示故障车门位置;几分钟后司机报车门故障信息消失,行调通知司机运行到下一站;司机报右侧关门指示灯灭且显示启动联锁,行调通知司机运行到该站清客,同时通知存车线调试车司机到达下行线投入服务,并通报全线车站;列车再次产生紧急制动,行调通知司机打"车门旁路"运行到下一站;次到达该站并清客完毕;行调通知司机退出服务,运行到存车线,同时通知车辆段备用车出厂到该站投入服务;在该站以 RM 模式动车后,连续两次产生紧急制动,行调指示司机以 URM 限速 25km/h 运行至存车线。

2. 故障判断处理过程

车辆检修人员上车查看,发现开门按钮灯时亮时灭,检查发现该节车疏散门锁扣已打开,疏散门在车辆运行过程中受风压和惯性力作用而产生动作,导致车门关好环路断开,车辆产生紧急制动。

由于疏散门行程开关均采取了旁路措施,正常情况下不应该发生因疏散门行程开关动作而导致紧急制动的现象,说明该节车的旁路措施未生效。检查发现所有车门关好后相关继电器未闭合,作为应急处理措施,将相关继电器的常开触头短接后,确认车辆已无其他故障,可正常动车。

回库后对该节车作进一步检查,用于旁路疏散门行程开关的短接插头仍然插在接线排上,从外观无异常,拔出后发现已变形,其中四个插针有两个叠在一起,由于厚度变大,插入接线排时使上下两排断开,恢复正常形状后重新插入接线排,旁路功能恢复正常。

3. 故障原因

用于旁路疏散门行程开关的短接插头已变形,插入后不能实现旁路功能。

故障三 MMI 车门状态指示标志中的疏散门指示标志为黄色

1. 故障现象

如图 6-5-1 所示。

2. 故障原因

如图 6-5-2 所示。

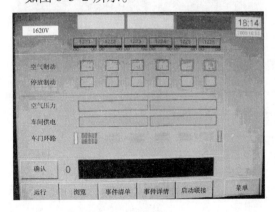

图 6-5-1 MMI 屏幕显示疏散门指示标志为黄色故障信息

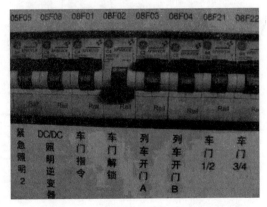

图 6-5-2 疏散门指示标志为黄色故障原因

3. 故障处理建议

(1)检查相应驾驶室紧急疏散门是否锁紧,车门解锁是否闭合;若无,则锁紧相应的疏散门,恢复车门解锁。

(2)检查MMI紧急疏散门指示标志是否为灰蓝色,若是则继续运行。

(3)如果不是灰蓝色在ATP下则按驾驶台"强行开门"按钮(仅限关门灯不亮时使用)维持到下一站退出服务。URM模式下则打车门旁路开关维持到下一站退出服务。

故障四 对应左右车门不能打开或关闭

1. 故障现象

如图6-5-3所示。

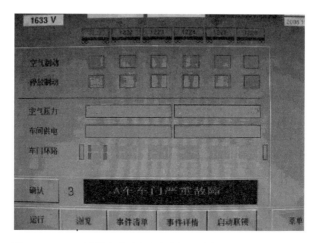

图6-5-3 MMI屏幕显示对应左右车门不能打开或关闭故障信息

2. 故障原因

如图6-5-4、图6-5-5所示。

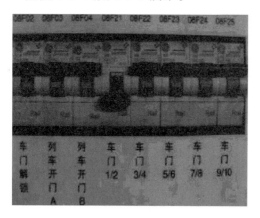

图6-5-4 MMI屏幕显示对应左右车门不能打开或关闭故障原因1

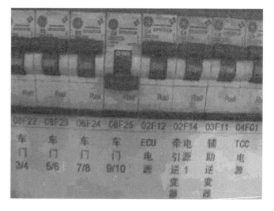

图6-5-5 MMI屏幕显示对应左右车门不能打开或关闭故障原因2

3. 故障处理建议

对照电气原理图检查相应门的微型断路器是否跳闸,如有跳闸,则复位;如无跳闸或复位无效,则将其切除。

案例六　空调系统故障处理

故障一　空调机组压缩机无法启动

1. 故障发生经过

某日,轮值工程师接到 OCC 运营控制中心报告,有乘客投诉某列车某节车客室太热。该车入库后,厂家售后服务人员对该节车的空调机组进行检查,发现该节车一位端1号机组压缩机低压保护已经动作,并且发现该节车车一位端回风温度显示不正确。

2. 故障判断处理过程

空调厂家售后服务人员了解此故障后,确认为温度传感器本身故障。因此,对该节车一位端回风温度传感器进行了更换,更换后温度传感器故障消失。对于低压保护故障,通过强制一位端1号机组压缩机工作,对压缩机工作电流进行测量只有8A,比正常工作的压缩机电流值少4A,初步判断为空调机组管路泄漏制冷剂,引起管路压力过低压力继电器保护动作,导致压缩机无法工作。

3. 故障原因

温度传感器故障和管路泄漏制冷剂,导致压缩机无法启动。

故障二　空调无正常通风

1. 故障发生经过

轮值班人员日检时发现某列车某节车二位空调无通风。

2. 故障判断处理过程

检查司机显示屏显示该节车空调机组2蒸发器1故障,12h内共发生4次,基本上未消失过。打开该节车下辅助设备箱,检查车下无相关空气开关跳闸。检查相关继电器状态,发现未能正常吸合,进一步检查继电器的得电回路,测量其线圈上已有117V电源供应却未吸合动作,表明继电器线圈开路。更换故障继电器后故障修复。

3. 故障原因

空调启动时首先检测送风机状态,对照电气原理图检查相关继电器应得电,检查正常后给出得电信号,空调则能够正常工作。继电器不能正常吸合将导致蒸发器冷凝风机不会工作,结果出现以上故障现象。

案例七　接触器的常见故障处理

接触器常见故障总结见表6-7-1。

接触器常见故障　　　　　　　　　表 6-7-1

故障现象	产生原因	处理方法
接触器开合不灵	机械可动部分被卡住	排除相应障碍即可
	摩擦力过大	
	气隙中有阻塞	
	磁极表面积尘太厚	
	电空接触器漏风或风压不足	
通电后不能完全闭合	电源电压低于线圈额定电压	调整电源电压或更换线圈
	触头弹簧与反力弹簧压力过大	调整或更换弹簧
	触头超程过大	调整触头超程
接触器关合过猛或线圈过热冒烟	电源电压过高	调整电源电压或更换线圈
断电后不释放	反作用力太小	调节或更换反力弹簧
	剩磁过大	对直流接触器应加厚或更换新非磁性垫片,对交流接触器应将去磁气隙处的极面锉去一部分或更换新磁系统
	触头熔焊	撬开已熔焊的触头或酌情更换新触头
	铁芯极面有油污或尘埃黏着	清理磁极表面

案例八　继电器常见故障

一、触头故障

(1) 由于触头的机械咬合(触头上形成的针状凸起与凹坑相互咬住)、熔焊或冷焊而产生无法断开的现象。

(2) 由于接触电阻变大和不稳定使电路无法正常接通的现象。

(3) 由于负载过大或触头容量过小或负载性质变化等引起触头无法分、合电路的故障。

(4) 由于电压过高或触头开距变小而出现触头间隙重新击穿的故障。

二、线圈故障

(1) 由于环境温度的变化(超过技术条件规定值)导致线圈温升超过允许值而引起线圈绝缘的损坏;由于潮湿而引起绝缘水平的严重降低;由于腐蚀而引起内部断线或匝间短路。

(2) 由于线圈电压超过 110% 额定电压而导致线圈损坏。

(3) 在使用维修时,可能由于工具的碰伤而使线圈绝缘损坏或引起线折断。

三、磁路故障

(1) 棱角和转轴的磨损,导致衔铁转动不灵或卡死的故障。

(2)在有些直流继电器中,由于机械磨损或非磁性垫片损坏,使衔铁闭合后的最小气隙变小,剩磁过大,导致衔铁不能释放的故障。

四、其他

如各种零件产生变形或松动,机械损坏,镀层裂开或剥落,各带电部分与外壳间的绝缘不够,反力弹簧因疲劳而失去弹性,各种整定值调整不当,产品已达额定寿命等。

案例九 司机控制器警惕按钮故障

一、故障描述

(1)某车在某站上行牵引,走了几米列车上紧急制动,紧急制动可以缓解,再走几米再次上紧急制动,司机切除 ATP 后故障仍未消除。

(2)驾驶室警惕按钮失效,当松开按钮,不触发紧急制动。换端或者从 ATO 模式切换为手动模式后发现强迫零位,警惕按钮监控。故障代号44:牵引/制动中级故障。

二、故障分析及处理

(1)回库检查后发现司机控制器警惕按钮触点有时失效,无法吸合。厂家更换了司机控制器。

(2)对司机控制器进行了拆解检查,发现驱动行程开关的传动机构在按钮未按下情况,不能复位而一直处于吸合状态,厂家进行了处理。警惕按钮监控的触发条件为:列车时速大于4km时,在非激活端按下警惕按钮超过一分钟就会触发,因此在警惕按钮故障一直吸合的情况下,控制系统将此驾驶室的牵引封锁保障安全。触发逻辑如表6-9-1所示。

警惕按钮监控逻辑   表6-9-1

	警惕按钮监控
&	驾驶室没有激活
	警惕按钮按下
	时速超过4km/h
	警惕按钮没有旁路

案例十 列车辅助供电系统(SIV)故障

一、故障概况

列车 SIV 辅助供电系统无输出,现象是 TMS 显示全列 SIV 启动但没有电压输出,同时空压机不工作,导致列车晚点、掉线,需要救援。

二、故障处理经过简介

乘务员驾驶列车运行至某区间时,TMS 显示全列 SIV 辅助供电系统输出为零,同时空压机不工作。进站停车后 SIV 未自动恢复,人工按复位按钮仍未恢复。鉴于风压无法保证的原因,乘务员果断与行车调度员联系并立即清人掉线。清人后列车总风压力大约为 600kPa,为防止列车风压过低而造成紧急制动,紧急处理后,以限速 30km/h 运行回段。

图 6-10-1 TMS 显示故障信息

TMS 显示网压正常,全列 SIV 辅助供电系统输出为零,同时空压机不工作。如图 6-10-1 所示。初步判断故障由下面几种原因造成:驾驶台 SIV 开关是否在闭合位、SIV 启动断路器 QF14 是否跳开、车辆高压系统发生故障或接触轨无电。故障排除具体的方法及结果如下:首先检查驾驶台 SIV 开关位置是否正确,如不正确则放置正确位置;然后确认网压是否正常,是否因接触轨停电引起的;接着检查 SIV 启动断路器是否跳开,如不正常,在切断列车负载后重新恢复一次,然后再更换操纵台进行试验。如恢复正常,与行车调度员联系,申请推进运行;如果仍不恢复,应立即请求救援。

三、原因分析

本故障由于 SIV 辅助供电系统滤波电容过压(FCOV)保护而造成,SIV 高压电路如图 6-10-2 所示。

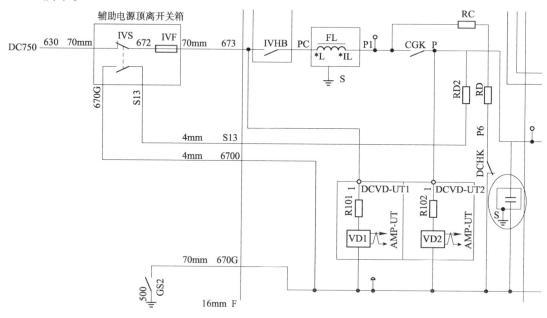

图 6-10-2 SIV 高压电路

四、案例处理流程优化分析(表 6-10-1)

如图 6-10-3 所示。

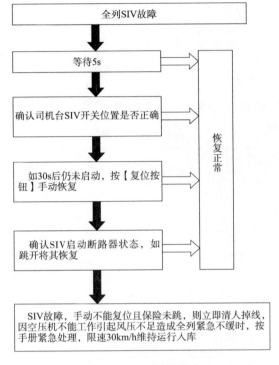

图 6-10-3　SIV 故障处理流程

五、技术工程师提示

(1)恢复 SIV 启动断路器保险时应首先将列车空调、通风系统断开,SIV 启动开关关断,再进行恢复。

(2)SIV 系统为空压机系统提供用电保障,因 SIV 故障造成全列空压机不打风,有可能导致故障扩大化。

(3)发现故障且恢复不好时,视列车位置、故障情况,清人入库或掉线。

(4)因全列空压机不工作,防止因列车总风压力过低造成列车起停放制动。

附录1 城市轨道交通车辆检修工实操考试题例

一、更换照明大功率驱动模块——实操考试评分表

实操考试评分表 附表1-1

姓名：		工号：		日期：		用时：		
考试项目:更换照明大功率驱动模块		实操场地:运用库		考评员签字： 日期：		成绩：		
操作时间		时 分— 时 分		累计用时		分钟		
操作要求		单独操作,注意安全,文明操作						
序号	项目	考评内容		考评情况		满分	扣分	得分
1	准备阶段	出勤				2		
		仪容仪表				2		
		携带工具:工具包1个、万用表				3		
		工具摆放整齐				3		
		安全防护:安全鞋、劳保服、安全帽				5		
2	实施操作	作业前请点、挂好红闪灯、禁动牌				10		
		确认车底无人后,唤醒列车				10		
		确定故障点,休眠列车或断开相应照明线路断路器				10		
		拆开故障照明盖板				7		
		说明故障原因及判断依据				10		
		更换大功率驱动模块				10		
		闭合相应照明线路断路器或唤醒列车				10		
3	检查、试验	测试照明是否正常,恢复设备正常工作状态				12		
		清理工作现场物料、工具,办理结束作业的手续				6		
合 计						100		

二、指出列车上的中压负载——实操考试评分表

中压负载——实操考试评分表　　　　　　　　　　　　　　　附表1-2

姓名：		工号：		日期：		用时：	
考试项目:指出列车上的中压负载		实操场地:运用库		考评员签字：　日期：		成绩：	
操作时间		时　分—时　分		累计用时		分钟	
操作要求		单独操作,注意安全,文明操作					

序号	项　目	考　评　内　容	考　评　情　况	满分	扣分	得分
1	准备阶段	出勤		2		
		仪容仪表		2		
		携带工具:主控、方孔		4		
		安全防护:安全鞋、劳保服、安全帽		7		
2	实施操作	作业前请点、挂好红闪灯、禁动牌		10		
		确认车底无人后,唤醒列车		15		
		查看MMI面板是否有故障,并尝试排除		12		
		在列车中描述辅助中压负载,并指出其相关位置： (1)空调机组； (2)驾驶室通风单元； (3)客室插座和LCD供电； (4)空气压缩机； (5)牵引电动机风机； (6)制动电阻风机		30		
3	检查、试验	检查各设备是否正常工作,恢复设备正常工作状态		12		
		清理工作现场物料、工具,办理结束作业的手续		6		
	合　　　　计			100		

三、驾驶室设备及设备柜无电检查——实操考试评分表

实操考试评分表 附表1-3

姓名：	工号：	日期：	用时：
考试项目：驾驶室设备及设备柜无电检查	实操场地：	考评员签字：　日期：	成绩：
操作时间	时　分—时　分	累计用时	分钟
操作要求	单独操作，注意安全，文明操作		

序号	项目	考评内容	考评情况	满分	扣分	得分
1	准备阶段	出勤		2		
		仪容仪表		2		
		携带工具：手电筒、四角钥匙		6		
		工具摆放整齐		6		
		安全防护：安全帽、劳保服、劳保鞋		4		
2	实施操作	检查驾驶室座椅、副驾驶座椅、遮阳帘功能及相应紧固件有无损伤和松动		10		
		检查ATC机柜设备、电器隔间柜设备、足部加热器、语音车载台，无异常损伤、无松动		10		
		检查设备柜内空气断路器、接触器、继电器、旁路开关、按钮、指示灯，无异常损伤；空气断路器、旁路开关位置正确		10		
		检查设备柜柜门，锁闭标记无错位，柜体外表面无磕碰		10		
		检查设备柜内电缆、连接器、端子排，无异常损伤、无松动		10		
3	检查、试验	测试功能是否正常，恢复设备正常工作状态		15		
		清理工作现场物料、工具，办理结束作业的手续		15		
		合　计		100		

四、客室设备及设备柜无电检查——实操考试评分表

实操考试评分表 附表1-4

姓名:		工号:		日期:		用时:	
考试项目:客室设备及设备柜无电检查		实操场地:		考评员签字:　日期:		成绩:	
操作时间		时　分—时　分		累计用时		分钟	
操作要求		单独操作,注意安全,文明操作					
序号	项目	考评内容		考评情况	满分	扣分	得分
1	准备阶段	出勤			2		
		仪容仪表			2		
		携带工具:手电筒、四角钥匙			6		
		工具摆放整齐			6		
		安全防护:安全帽、劳保服、劳保鞋			4		
2	实施操作	检查每节车座椅下的两个B05阀盖板及锁的状态			10		
		检查客室各类标签有无脱落和损坏			5		
		查动态地图、视频显示器外观状态			5		
		检查设备柜内空气断路器、接触器、继电器、旁路开关、按钮、指示灯,无异常损伤;空气断路器、旁路开关位置正确			10		
		检查设备柜柜门,锁闭标记无错位,柜体外表面无磕碰			10		
		检查设备柜内电缆、连接器、端子排,无异常损伤、无松动			10		
3	检查、试验	测试功能是否正常,恢复设备正常工作状态			15		
		清理工作现场物料、工具,办理结束作业的手续			15		
		合　计			100		

五、指认辅助逆变器各部件和辅逆风机工作原理——实操考试评分表

实操考试评分表　　　　　　　　　　　　　　　　　　　　　　　　附表1-5

姓名：		工号：	日期：		用时：
考试项目:简述辅助逆变器各部件和辅逆风机工作原理		实操场地:运用库	考评员签字：　日期：		成绩：
操作时间		时　分—时　分	累计用时		分钟
操作要求		单独操作,注意安全,文明操作			
序号	项　目	考　评　内　容	考评情况	满分	扣分	得分

序号	项目	考评内容	考评情况	满分	扣分	得分
1	准备阶段	出勤		2		
		仪容仪表		2		
		携带工具:吸尘器、强光手电筒、梯子		8		
		安全防护:安全鞋、劳保服、安全帽		10		
2	实施操作	作业前请点、挂好红闪灯、禁动牌		10		
		确认车底无人后,休眠列车		10		
		先用方孔钥匙打开辅助逆变器箱两端盖板		5		
		指出列车内有几种辅助逆变器及它们的区别		10		
		指出辅助逆变器控制模块、PWR逆变模块、三相交流接触器、预充电回路和输入接触器、IGBT和正弦滤波电容等部件		16		
		描述辅助逆变器风机的工作原理		9		
3	检查、试验	唤醒列车,检查MMI屏幕上是否有故障,检查各设备是否正常工作,恢复设备正常工作状态		12		
		清理工作现场物料、工具,办理结束作业的手续		6		
合　　计				100		

六、蓄电池温度传感器测量——实操考试评分表

实操考试评分表　　　　　　　　　　　　　　　　　　　　　附表 1-6

姓名：		工号：		日期：		用时：	
考试项目:蓄电池温度传感器测量		实操场地:运用库		考评员签字： 日期：		成绩：	
	操作时间	时　分—时　分		累计用时		分钟	
	操作要求	单独操作,注意安全,文明操作					
序号	项目	考评内容		考评情况	满分	扣分	得分
1	准备阶段	出勤			2		
		仪容仪表			2		
		携带工具:绝缘活动扳手、万用表、吸尘器、强光手电筒、梯子			8		
		安全防护:安全鞋、劳保服、安全帽			10		
2	实施操作	作业前请点、挂好红闪灯、禁动牌			10		
		确认车底无人后,休眠列车,断开 BIS			15		
		先用方孔钥匙打开锁臂锁,锁打开后,把锁臂打开,等锁臂完全打开后,再用钥匙打开锁钩锁,然后拉把手拉出下箱			10		
		检查蓄电池后面连接器,看看是否有松动和部件损坏			9		
		将万用表打到欧姆挡,测出温度传感器的阻值,表棒放在 C1、C2 处测量,对照阻值范围,验证温度传感器是否正常			16		
3	检查、试验	唤醒列车,检查 MMI 屏幕上是否有故障,检查各设备是否正常工作,恢复设备正常工作状态			12		
		清理工作现场物料、工具,办理结束作业的手续			6		
		合　　　计			100		

七、驾驶室照明灯的拆除与安装——实操考试评分表

实操考试评分表　　　　　　　　　　　　　　附表 1-7

姓名：		工号：	日期：		用时：
考试项目：驾驶室照明灯的拆除与安装		实操场地：	考评员签字：　日期：		成绩：
	操作时间	时　分—时　分	累计用时		分钟
	操作要求	单独操作，注意安全，文明操作			
序号	项　目	考　评　内　容	考评情况	满分	扣分	得分
1	准备阶段	出勤		2		
		仪容仪表		2		
		携带工具：套筒扳手、扭力扳手		6		
		工具摆放整齐		6		
		安全防护：安全帽、劳保服、劳保鞋		4		
2	实施操作	打开照明灯罩板		10		
		拆下紧固件		10		
		拆下照明灯		10		
		用紧固件把照明灯安装在顶板上		10		
		安装灯罩板		10		
3	检查、试验	测试功能是否正常，恢复设备正常工作状态		15		
		清理工作现场物料、工具，办理结束作业的手续		15		
		合　　计		100		

序号列中"1""2""3"分别对应"准备阶段""实施操作""检查、试验"。

八、接地回流装置检查及清洁保养——实操考试评分表

实操考试评分表　　　　　　　　　　　　　　　　　　　　　附表1-8

姓名：		工号：	日期：		用时：
考试项目:接地回流装置检查及清洁保养		实操场地：	考评员签字：		成绩：
操作时间		时　分—时　分	累计用时		分钟
操作要求		单独操作,注意安全,文明操作			
序号	项目	考评内容	考评情况	满分	扣分	得分
1	准备阶段	出勤		2		
		仪容仪表		2		
		携带工具:扭力扳手、记号笔、垫圈、软毛刷、压缩空气		3		
		工具摆放整齐		3		
		安全防护:无电作业				
2	实施操作	作业前做好安全防护,严防车辆带电作业		6		
		拆下接地回流装置罩板		10		
		检查接地电刷的磨损状况,不低于碳刷侧面刻槽线		12		
		用软毛及压缩空气刷清洁接地回路单元		16		
		检查碳刷支撑弹簧的弹力状况,检查碳刷能否在它们的卡座内自由滑动		14		
		检查并确保摩擦板上无油脂,表面不得有划伤之类过多的损伤迹象		8		
		接地回流盖板紧固,扭矩为173N·m,并做好放松标记		14		
3	检查、试验	依据接地回流装置检查项点对其状态进行确认		10		
		合　　计		100		

九、指认检查列车上的低压负载——实操考试评分表

实操考试评分表　　　　　　　　　　　　　　　　　　　　　　附表 1-9

姓名：		工号：		日期：		用时：
考试项目:指出列车上的低压负载		实操场地:运用库		考评员签字：　日期：		成绩：
操作时间		时　分—时　分		累计用时		分钟
操作要求		单独操作,注意安全,文明操作				

序号	项目	考评内容	考评情况	满分	扣分	得分
1	准备阶段	出勤		2		
		仪容仪表		2		
		携带工具:主控、方孔		4		
		安全防护:安全鞋、劳保服、安全帽		7		
2	实施操作	作业前请点、挂好红闪灯、禁动牌		10		
		确认车底无人后,唤醒列车		15		
		查看 MMI 面板是否有故障,并尝试排除		12		
		在列车中描述辅助低压负载,并指出其相关位置: 一、正常供电母线 (1)除霜器; (2)制动控制单元; (3)客室正常照明; (4)辅助逆变器低压供电; (5)牵引逆变器低压供电		7		
		二、紧急供电母线 (1)客室、驾驶室紧急通风; (2)乘客信息系统; (3)客室控制单元; (4)门控制单元; (5)客室紧急照明; (6)列车控制线路; (7)驾驶室指示灯、阅读灯; (8)Wlan/Radio; (9)TCMS; (10)ATC; (11)驾驶室照明; (12)标志灯、尾灯; (13)前照灯; (14)刮雨器;		17		

续上表

序号	项 目	考 评 内 容	考 评 情 况	满分	扣分	得分
2	实施操作	(15)列车永久供电母线； ①低压检测继电器； ②蓄电池电压表； ③列车唤醒； ④半自动车钩		6		
3	检查、试验	检查各设备是否正常工作，恢复设备正常工作状态		12		
		清理工作现场物料、工具，办理结束作业的手续		6		
	合　计			100		

十、蓄电池电压测量——实操考试评分表

实操考试评分表　　　　　　　　　　　　　　　　　　附表1-10

姓名：		工号：		日期：		用时：	
考试项目：蓄电池测量		实操场地：		考评员签字：	日期：	成绩：	
操作时间		时　分—时　分		累计用时		分钟	
操作要求		单独操作，注意安全，文明操作					
序号	项目	考评内容		考评情况	满分	扣分	得分
1	准备阶段	出勤			2		
		仪容仪表			2		
		携带工具：绝缘活动扳手、万用表、吸尘器、强光手电筒、梯子			6		
		安全防护：安全鞋、劳保服、安全帽			7		
2	实施操作	作业前请点、挂好红闪灯、禁动牌			10		
		确认车底无人后，休眠列车，断开BIS			15		
		先用方孔钥匙打开锁臂锁，锁打开后，把锁臂打开，等锁臂完全打开后，再用钥匙打开锁钩锁，然后拉把手拉出下箱			8		
		观察蓄电池外观：蓄电池破损、发热、变形、冒烟、异臭、漏液时，请勿使用；发现异状，切勿继续使用			8		
		湿布(用水或温水的)清扫合成树脂制作的电池槽以及盖子			8		
		万用表测量单节电池电压1.2~1.35V			8		
		用手电筒检查蓄电池液面高度，如液位过低，则需加蒸馏水；如液位过高，则需抽取掉多余的电碱液			8		
3	检查、试验	唤醒列车，检查MMI屏幕上是否有故障，检查各设备是否正常工作，恢复设备正常工作状态			12		
		清理工作现场物料、工具，办理结束作业的手续			6		
	合　　计				100		

附录2 城市轨道交通车辆检修工5级（初级）操作技能鉴定试题

一、检查并更换受电弓滑块

(一)试题单

试题代码：2.1.1
试题名称：检查并更换受电弓滑块
考生姓名：　　　　　　**准考证号**：
规定用时：20分钟

1. 操作条件
(1)列车处于无电状态。
(2)触网无电，并且接地棒挂接完好。
(3)现场配备所需工具。

2. 操作内容
(1)检查受电弓滑块外观。
(2)用游标卡尺更换受电弓滑块厚度。

3. 操作要求
(1)更换完成后，受电弓滑块表面无明显缺失。
(2)更换完成后，检查受电弓滑块厚度大于3mm。
(3)更换完成后，受电弓滑块可以基本保持在同一平面内。
(4)正确使用工具。
(5)考试人员按规定着装，违反作业安全规定、不文明操作或造成他人伤害者取消考试资格。

(二)试题评分表

试题代码: 2.1.1　　**试题名称:** 检查并更换受电弓滑块

考生姓名:　　**准考证号:**　　**考核时间:** 20分钟

评价要素		配分	等级	评分细则	评定等级				得分
					A	B	C	D	
1	受电弓滑块检查	5	A	检查内容正确、检查方法合理					
			B						
			C	检查内容正确					
			D	检查内容错误					
2	工具选择	5	A	能够选择正确的工具					
			B						
			C						
			D	未能选择正确的工具					
3	更换受电弓滑块	12	A	正确更换受电弓滑块					
			B						
			C	未能安装受电弓滑块					
			D	未能拆下受电弓滑块					
4	工具清场	4	A	工具清场,放置该放的区域					
			B						
			C						
			D	工具未清场					
5	安全规范	4	A	一切操作按规范进行					
			B						
			C	操作中有一项内容野蛮操作					
			D	未按规定着装或多为野蛮操作					
合计配分		30		合计得分					

考评员(签名):

等级	A(优)	B(良)	C(尚可)	D(差)
比值	1.0	0.8	0.6	0

注:"评价要素"得分 = 配分 × 等级比值。

参考答案:

1. 受电弓滑块无大块缺失,表面无贯穿性裂纹。
2. 受电弓滑块厚度大于3mm。

二、检查并更换接地装置滑块

(一)试题单

试题代码:2.1.7

试题名称:检查并更换接地装置滑块

考生姓名:　　　　　　　　**准考证号**:

规定用时:20 分钟

1. 操作条件

(1)列车处于无电状态。

(2)触网无电,并且接地棒挂接完好。

(3)现场配备所需工具。

2. 操作内容

用千分卡尺更换接地装置滑块高度。

3. 操作要求

(1)更换完成后,检查接地装置滑块高度大于 25mm。

(2)正确使用工具。

(3)考试人员按规定着装,违反作业安全规定、不文明操作或造成他人伤害者取消考试资格。

(二)试题评分表

试题代码:2.1.7　　**试题名称**:检查并更换接地装置滑块

考生姓名:　　**准考证号**:　　　　　　　　　　**考核时间**:20分钟

	评价要素	配分	等级	评分细则	评定等级 A	B	C	D	得分
1	接地装置滑块检查	6	A	检查内容正确、检查方法合理					
			B						
			C	检查内容正确					
			D	检查内容错误					
2	工具选择	6	A	能够选择正确的工具					
			B						
			C						
			D	未能选择正确的工具					
3	更换接地装置滑块	12	A	正确更换接地装置滑块					
			B						
			C	未能安装接地装置滑块					
			D	未能拆下接地装置滑块					
4	工具清场	3	A	工具清场,放置该放的区域					
			B						
			C						
			D	工具未清场					
5	安全规范	3	A	一切操作按规范进行					
			B						
			C	操作中有一项内容野蛮操作					
			D	未按规定着装或多为野蛮操作					
	合计配分	30		合计得分					

考评员(签名):

等级	A(优)	B(良)	C(尚可)	D(差)
比值	1.0	0.8	0.6	0

注:"评价要素"得分 = 配分×等级比值。

参考答案:

1. 接地装置滑块厚度大于 25mm。(AC01、AC02)
2. 接地装置滑块厚度大于 28mm。(AC03)

三、检查并清洁线路接触器灭弧罩

(一)试题单

试题代码:2.1.6
试题名称:检查并清洁线路接触器灭弧罩
考生姓名: 　　　　　　　　　　　　　　　　　　　　**准考证号**:
规定用时:20分钟

1. 操作条件
(1)列车处于无电状态。
(2)触网无电,并且接地棒挂接完好。
(3)现场配备所需工具。
2. 操作内容
(1)清洁线路接触器灭弧罩。
3. 操作要求
(1)清洁后的线路灭弧罩外部清洁。
(2)清洁后的线路灭弧罩内部无氧化金属粉末,无可致灭弧失败的粉尘。
(3)正确使用工具。
(4)考试人员按规定着装,违反作业安全规定、不文明操作或造成他人伤害者取消考试资格。

(二)试题评分表

试题代码:2.1.6　　**试题名称**:检查并清洁线路接触器灭弧罩

考生姓名:　　**准考证号**:　　　　　　　　　　　**考核时间**:20分钟

评价要素		配分	等级	评分细则	评定等级				得分
					A	B	C	D	
1	工具选择	5	A	能够选择正确的工具					
			B						
			C						
			D	未能选择正确的工具					
2	清洁灭弧罩	15	A	拆卸、安装合理且灭弧罩达到清洁要求					
			B	拆卸、安装不合理,但灭弧罩达到清洁要求					
			C	拆卸、安装合理,但灭弧罩未达到清洁要求					
			D	拆卸、安装不合理且灭弧罩未达到清洁要求					
3	工具清场	5	A	工具清场,放置该放的区域					
			B						
			C						
			D	工具未清场					
4	安全规范	5	A	一切操作按规范进行					
			B						
			C	操作中有一项内容野蛮操作					
			D	未按规定着装或多为野蛮操作					
合计配分		30		合计得分					

考评员(签名):

等级	A(优)	B(良)	C(尚可)	D(差)
比值	1.0	0.8	0.6	0

注:"评价要素"得分 = 配分 × 等级比值。

参考答案(AC01、AC02、AC03):

1. 清洁后的线路灭弧罩内部无氧化金属粉末,无可致灭弧失败的粉尘。

2. 清洁后的线路灭弧罩外部清洁。

四、牵引电动机电缆绝缘测量

(一)试题单

试题代码:2.1.3

试题名称:牵引电动机电缆绝缘测量

考生姓名：　　　　　**准考证号**：

规定用时:20分钟

1. 操作条件

(1)列车处于无电状态。

(2)触网无电,并且接地棒挂接完好。

(3)现场配备所需工具。

2. 操作内容

用1500V兆欧表测量牵引电动机电缆和电机外壳之间的绝缘。

3. 操作要求

(1)牵引电动机电缆和电机外壳之间的绝缘应在500MΩ。

(2)正确使用工具。

(3)考试人员按规定着装,违反作业安全规定、不文明操作或造成他人伤害者取消考试资格。

(二)试题评分表

试题代码:2.1.3　**试题名称**:牵引电动机电缆绝缘测量
考生姓名:　　　**准考证号**:　　　　　　　　**考核时间**:20 分钟

	评价要素	配分	等级	评分细则	评定等级 A	B	C	D	得分
1	工具选择	5	A	能够选择正确的工具					
			B						
			C						
			D	未能选择正确的工具					
2	测量绝缘	15	A	测量点正确且能够正确使用工具					
			B	测量点不正确但能够正确使用工具					
			C	测量点正确但不能正确使用工具					
			D	完全不会					
3	工具清场	5	A	工具清场,放置该放的区域					
			B						
			C						
			D	工具未清场					
4	安全规范	5	A	一切操作按规范进行					
			B						
			C	操作中有一项内容野蛮操作					
			D	未按规定着装或多为野蛮操作					
	合计配分	30		合计得分					

考评员(签名):

等级	A(优)	B(良)	C(尚可)	D(差)
比值	1.0	0.8	0.6	0

注:"评价要素"得分 = 配分×等级比值。

参考答案(AC01/AC02 型电动列车):
1.能正确使用兆欧表(1500V)。
2.能正确测量牵引电动机绝缘阻值(>500MΩ)。
3.能正确读出测量的绝缘阻值。
4.根据绝缘阻值判别该电机是否符合使用要求。
5.测量结束后,进行放电。

五、Ⅰ单元 A(Mp)车主蓄电池液位、电压检查

(一)试题单

试题代码:3.1.1
试题名称:Ⅰ单元 A(Mp)车主蓄电池液位、电压检查
考生姓名: **准考证号**:
规定用时:20 分钟

1. 操作条件

列车在无电状态。

2. 操作内容

(1)主蓄电池液位检查。
(2)主蓄电池电压检查。

3. 操作要求

(1)文明安全规范操作。
(2)按操作内容的次序进行。

(二)试题评分表及答案

试题代码:3.1.1　　试题名称:Ⅰ单元A(Mp)车主蓄电池液位、电压检查

考生姓名:　　　准考证号:　　　　　　　　考核时间:20分钟

评价要素		配分	等级	评分细则	评定等级				得分
					A	B	C	D	
1	落弓	5	A	落弓					
			B						
			C						
			D	未落弓					
2	打开Ⅰ单元A车蓄电池箱,拉出蓄电池	5	A	断开蓄电池组间连接线,拉出蓄电池					
			B						
			C						
			D	未断开蓄电池组间连接线,拉出蓄电池					
3	主蓄电池液位应在上下刻线之间;蓄电池单节电压大于1.3V并记录	15	A	能正确检查蓄电池液位、蓄电池单节电压并记录					
			B						
			C	能正确检查蓄电池液位、蓄电池单节电压未记录					
			D	在二项检查中漏做其中一项					
4	3 将蓄电池复位、关上箱盖	5	A	能正确将蓄电池复位、关上箱盖					
			B						
			C						
			D	未正确将蓄电池复位、关上箱盖					
合计配分		30		合计得分					

考评员(签名):

等级	A(优)	B(良)	C(尚可)	D(差)
比值	1.0	0.8	0.6	0

注:"评价要素"得分 = 配分 × 等级比值。

参考答案:

1.列车处于收车状态。

2.检查蓄电池箱的外观,底部及内部是否有漏液现象,通风孔及漏液孔通畅无杂物(如需补液,液面高度在铅板上20～60mm)。

3 切除相对应的蓄电池断开开关BIS。

4.在蓄电池箱内测量蓄电池电压是否正常(大于100V)。

5 复位BIS开关,关闭所有箱盖。

六、Ⅰ单元 A(Tc)车 52E19 照明故障排除

(一)试题单

试题代码:3.2.2

试题名称:Ⅰ单元 A(Tc)车 52E19 照明故障排除

考生姓名: 　　　　　　**准考证号**:

规定用时:20 分钟

1. 操作条件

列车为有电状态。

2. 操作内容

(1)查找并分析故障原因。

(2)排除故障。

3. 操作要求

(1)遇到故障,要分析可能发生的原因和指明故障位置并实施处理。

(2)对列车故障排除,尽量使用常用电工工具与万用电表,不得使用其他电工工具。

(3)故障分析判断不确切或不能排除均要扣分。

(4)检查时操作人员按规定着装,违反作业安全规定、不文明操作或造成他人伤害者取消考试资格。

(5)故障处理完毕后,列车必须处于能安全运行的状态。

(6)操作完毕后,工具物品清场,无遗漏。

(二)试题评分表及答案

试题代码: 3.2.2　**试题名称:** Ⅰ单元A(Tc)车52E19照明故障排除

考生姓名:　　　**准考证号:**　　　　　　　　　**考核时间:** 20分钟

评价要素		配分	等级	评分细则	评定等级				得分
					A	B	C	D	
1	工具选择	3	A	工具选用恰当,无多余工具					
			B	工具选用较恰当,有多余工具					
			C	工具选用较恰当,有少量工具遗漏					
			D	工具选用不恰当					
2	查找故障	12	A	能找到故障点					
			B	能检查相关部件,不能找到故障点					
			C	检查部分相关部件,不能找到故障点					
			D	不能检查相关部件,不能找到故障点					
3	排除故障	12	A	更换整流器的保险丝					
			B	—					
			C	更换整流器					
			D	不能排除故障					
4	安全规范	3	A	一切操作按规范进行					
			B	—					
			C	操作中有一项内容野蛮操作					
			D	未按规定着装或多为野蛮操作					
合计配分		30		合计得分					

考评员(签名):

等级	A(优)	B(良)	C(尚可)	D(差)
比值	1.0	0.8	0.6	0

注:"评价要素"得分=配分×等级比值。

参考答案(AC01/AC02型):

1. 检查线号为52402的接线是否有DC 110V电压。
2. 拆下52E19整流器。
3. 检查整流器的保险丝是否损坏。

4. 重新更换整流器的保险丝。

5. 重新安装整流器后 52E19 照明灯亮。

参考答案（AC03 型）：

1. 确认列车有电,且主控制器钥匙处于"接通"。

2. 检查 MNI 压力表内部照明灯 R853A + 端是否有 110V 电压。

3. 将脱落或接触不良的 R853A + 端修复。

4. 故障处理后正常。

参 考 文 献

[1] 曾青中,韩增盛.城市轨道交通车辆[M].成都:西南交通大学出版社,2006.
[2] 张振淼.城市轨道交通车辆[M].北京:中国铁道出版社,2007.
[3] 李建国.城市轨道交通系统概论[M].北京:机械工业出版社,2009.
[4] 吴冰.城市轨道交通车辆电器[M].北京:人民交通出版社,2011.